有料有趣的朝代史

2 武周代唐

方寄傲　编著

浙江工商大学出版社
·杭州·

图书在版编目（CIP）数据

唐史 / 方寄傲编著 . —杭州：浙江工商大学出版社，2022.9

（有料更有趣的朝代史 / 胡岳雷主编）

ISBN 978-7-5178-4842-4

Ⅰ.①唐… Ⅱ.①方… Ⅲ.①中国历史—唐代—通俗读物 Ⅳ.① K242.09

中国版本图书馆 CIP 数据核字（2022）第 022895 号

唐 史
TANG SHI

方寄傲 编著

责任编辑	沈明珠
责任校对	熊静文
封面设计	吕丽梅
责任印制	包建辉
出版发行	浙江工商大学出版社 （杭州市教工路 198 号　邮政编码 310012） （E-mail: zjgsupress@163.com） （网址：http://www.zjgsupress.com） 电话：0571-88904980，88831806（传真）
排　　版	北京东方视点数据技术有限公司
印　　刷	唐山富达印务有限公司
开　　本	787mm×1092mm　1/32
印　　张	28
字　　数	624 千
版 印 次	2022 年 9 月第 1 版　2022 年 9 月第 1 次印刷
书　　号	ISBN 978-7-5178-4842-4
定　　价	198.00 元（全四册）

版权所有　侵权必究

如发现印装质量问题，影响阅读，请和营销与发行中心联系

联系电话　0571-88904970

目　录

第一章　二圣争锋，从尼姑到皇后的心路历程
　　"甩手掌柜"也可以是明君 _ 003
　　少女武则天 _ 009
　　一个乳名引发的血案 _ 013
　　从尼姑到皇后 _ 020
　　离婚需要高深的政治手腕 _ 026
　　双悬日月照乾坤 _ 031
　　儿子与西瓜的区别 _ 036

第二章　武周革命，光芒胜过太阳的明月
　　两度登基的唐中宗 _ 045
　　没有存在感的唐睿宗 _ 051
　　挡我者死 _ 056
　　造反，继续造反 _ 061
　　最早的"邮政信箱" _ 067
　　酷吏的用途 _ 073
　　想要威望就得建明堂 _ 078

第三章　一代女皇，日月当曌
　　女皇不是梦 _ 085
　　改变命运的独木桥 _ 091
　　名相狄仁杰 _ 096

皇帝搬家 _ 102

第四章　李武之争，女皇的困境与努力

　　儿子与侄子的抉择 _ 109

　　把太子还给你 _ 115

　　男宠政治 _ 120

　　神龙政变 _ 130

　　从皇帝变皇后 _ 136

第五章　征战四方，谁说女子不如男

　　轻敌的下场很悲惨 _ 145

　　经略东北亚 _ 151

　　联姻不好使 _ 157

　　改名字也是攻敌的手段 _ 163

第六章　韦后乱政，搅乱盛世间的空隙

　　我李显又回来了 _ 171

　　武则天的粉丝 _ 176

　　安乐公主不安乐 _ 181

　　杀儿子为大臣报仇 _ 186

　　与母亲一起毒死老爸 _ 191

　　玉殒大明宫 _ 196

第七章　玄宗即位，一个男人与一个女人的战争

　　撑死胆大的 _ 203

　　公主也能"镇国" _ 210

　　请姑姑到地府一游 _ 215

第一章

二圣争锋,从尼姑到皇后的心路历程

"甩手掌柜"也可以是明君

贞观二十三年（公元649年），扫平天下，开创了贞观盛世的一代明君，唐朝的第二位皇帝——李世民病逝，庙号为太宗。他的第九个儿子，也是他与长孙皇后所生的第三个嫡子李治，继位登基称帝，史称唐高宗。

谈及唐朝历史上几位伟大的皇帝，首先映入人们脑海中的就是唐太宗李世民、一代女皇武则天以及后来的唐玄宗李隆基。的确，这三位帝王将唐朝带入了盛世，犹如三股强大的推力，让历史中的唐朝谱写了最辉煌的篇章。然而，对于李治这个处于尴尬位置的皇帝，历史却时常给予他一些或偏颇或吝啬的批评与赞誉。

先不论李治本身的才华与政治头脑如何，单是在父亲李世民丰功伟绩的映衬下，他的政绩就注定了难以超越前人。更何况，在李治身边辅佐的，还有一个政治天才武则天。也许正是夹杂在李世民与武则天这两位盛世君主的中间，才让才能相对不及的李治显得更加平凡。更有甚者，在男尊女卑观念的驱使下，后人对女皇帝武则天给予了"大逆不道"的评价，也就连带着对武则天的丈夫李治进行了不公的评论。

其实,对于女皇武则天,唐人还是给予了公允的赞许和评价。然而,随着国家的大权在历史的推动下再次回到男人的手中,五代十国后的史料多有对武则天执政的诋毁。唐高宗李治也难逃嘲贬,因为封武则天为皇后而被后人戴上了"昏懦"的帽子。

那么,历史的真相究竟如何呢?真实的李治又是怎样一个君主?真如后人所认为的那样是昏君吗?其实,如何看待李治,关键在于如何给皇帝的功绩做出评判和归纳。固然,一个开辟江山的君王往往能够受到后人更多的推崇,因为江山的打拼需要极大的智慧与才干。不过也有"打江山容易守江山难"的说法,可见,守护和巩固前代人好不容易打下的江山,也是一名君王显示其才能的关键。

唐太宗李世民跟随其父唐高祖为大唐王朝开辟了一片天地,在他死后,稳固江山的重任就落到了唐高宗李治的身上。在后人眼里,李治所要完成的事情似乎很简单,然而,所谓"守成"并不是那么容易就能完成的。这除了要求君王自身的人品素质修养极高之外,还要求君王对于治理国家有一定的才能和手段。而这两点重要的因素,李治则都具备了。

李治没有其父李世民的野心勃勃,也没有其妻武则天的雄心壮志,他有的只是一颗忠善淡泊的宁和之心,如此安于现状的心态也让李治拥有了与他的父亲和妻子不同的胸怀。换句话说,李治宽广的胸怀正让他成为"安守"大业最为适合的人选。李治宽阔的胸襟在他刚继位不久就已经初见端倪。

在他刚当上皇帝的第八个月,正值安葬驾崩的父亲之时,河东地区发生了强烈的地震,五千余人死于此次灾难。当年也正值全国各地自然灾害频繁的时期，旱地久旱而不雨，水涝灾害久不停息。面对国家和百姓遭受如此深重的灾难，李治并没有选择退缩，而是表现出一个帝王应有的担当。李治言："朕初登大位，因政教不明，遂使晋州之地屡屡发生地震，这都是由朕赏罚失中、政道乖方所致。卿等宜各进封事，极言得失，以匡不逮。"可见，唐高宗李治本是一个心系百姓的仁君。

开阔的心胸给了李治一个优秀君王面对困难应有的姿态和作为，而父亲李世民带给他的正面影响也为李治在治国方面积累了经验。直言进谏是唐太宗李世民在位时所营造的治国风气，对于此，李治深感在心，他继承皇位后，仍然将父亲留下的传统进行了下去，朝廷上下面折直谏蔚然成风。不光是纳谏，在举贤方面，李治的重视程度也不亚于其父李世民。李治登基不久后就发布了第一道求贤诏令，对于久隐的有才之士给予厚重的礼遇，甚至下了大功夫要请绝于仕途的百岁名医孙思邈出山。

举贤纳谏是唐高宗李治即位后获得声望的途径之一，而对平民百姓真正切实的关怀则是他深得民心的最重要作为。更重要的是，李治不仅对自身严加要求，奉守克己为民的思想，他如此的言行对群臣的影响也更为深远。相比于历史上君王施善于民众的"作秀"之举，李治对百姓的关心来得更为实际，也因此更得百姓的拥护。

例如，总章二年（公元 669 年）七月，四川遭遇了罕见的大旱之年，百姓流离失所，得知此事，李治迅速派遣官员前去安抚救助。面对灾害给予百姓的压力，李治切实的施善之举多不胜数，可谓一心为民。而李治的聪明之处则在于，用自身的行为给满朝文武起到了良好的示范作用，最终惠及人民。

李治自身的德行当然离不开他深厚的学识，他在学习上的勤奋是显而易见的，他的书法作品炉火纯青，其碑文拓本早已是后人临摹学习的对象。炼制长生不老丹药一直是历史上诸多帝王心中强烈的愿望，李治也不例外。不过相较于那些痴迷于灵丹妙药、一味迷信的帝王来，李治则更加理智，而他的理智也正源于他深厚的学识。相传唐太宗就曾让一位自称懂得长生不老术的人炼制丹药，最终却不得成功。唐高宗李治即位后，这位炼丹人再次声称自己能炼丹。让他意想不到的是，李治却对其进行了严加驳斥，并且认为长生不老本是假说。

李治还是一位勤勉的皇帝，他曾经这样表达过自己对待朝政之事的态度："朕幼登大位，日夕孜孜，犹恐拥滞众务。"李世民自贞观十三年十月起就开始实行三日一临朝的制度。而李治继位后则要求实行一日一朝，直到显庆二年（公元657年）五月，才有大臣称国泰民安无须每日临朝，李治这才将一日一朝的制度改为隔日临朝。由此可见，在勤于政事这一方面，就连留名千古的李世民也难以与他相比。

李治勤勉的治国心给唐朝的经济文化发展带来了不小的影响。单从有记载的人口上来看，贞观二十二年（公元648年）全国上下共有人口三百六十万余户，而到了永徽三年（公元652年），则增至三百八十万户。事实上，官方记录的人口数量往往低于实际的人口数量。经济的稳定发展离不开一套全面系统的法律行政体系，而这套完整的法律体系也是在李治的带领下逐渐完成的。其中，《永徽律令》经过全面的制定与修改，已经成为当时唐代影响最大的法典之一，而稍后的《唐律疏义》也是唐代刑法的典范。

经济发达程度的高低直接决定了文化教育的质量。唐高宗李治在位期间，对于科举制度也进行了一系列的改革。实际上，李治对科举制度的变革目的并不在于颠覆和更换朝内的政治力量，而在于对科举制度本身的变革和完善。科举制在唐太宗时期的考试科目仅有法律和书法，而唐高宗李治则又新增了一门数学。李治还将科举考试的"明经"和"进士"做了明确的划分，并且举行了殿试，这是国家选拔高端人才的重大改革。

李治在位时期的作为还有很大一部分体现在对边陲的安定上。永徽元年（公元650年），东突厥余部头领车鼻可汗被唐将军高侃所擒，唐高宗因采取羁縻政策，故将其释放，并封为左武卫将军。第二年，西突厥再次叛乱，且势头猛进，李治为平定此次叛乱，派出了八万大军前往征战。由于西突厥兵力的强大，唐军起先并无优胜，甚至一度大败。直至显庆元年（公元656年），唐军才大获全胜，平定了西突厥的叛乱。东、西突厥平定后，李治分别在其领地范围内设立了都督府，将原本统一的部落分而治之，分散了突厥势力，以此防治突厥势力的集结和再度叛乱。

朝鲜半岛有三个小国家，它们分别是高句丽、新罗和百济。除了新罗与大唐交好之外，高句丽视大唐为敌人，而百济与大唐也在敌对与和平之间徘徊。由于高句丽的支持，百济还时常对新罗进行侵犯，为了抵御外侵，新罗不得不求救于大唐。李治遂命唐军将百济拿下，其后又一举将高句丽平定，完成了其父亲李世民在位时未完成的心愿。

唐高宗在位时间共有三十四年，前六年年号为永徽，故将他在位的一段国泰民安时期称为"永徽之治"，全国上下颇有贞观遗风之象。正所谓时势造英雄，如果说李世民的开天辟地之功和武则天的推陈出新之才都是历史的必然，那么唐高宗李治对于国家的维护和稳定也是历史所趋。甚至可以说，如果没有李治的种种安定之举，那么就没有后来的武则天，也就没有高度发达的大唐盛世。可见，无论从哪个方面上讲，李治的统治都继承和发展了贞观之治，巩固了其父李世民的功绩，为唐朝走向巅峰与辉煌打下了良好的基础。

少女武则天

武则天，自名曌，取其日月当空普照天下之意，原籍并州文水（今山西省文水县），"则天"二字并不是她的名字，而是她死后的尊号："则天大圣皇帝"和"则天大圣皇后"，玄宗时又被改为"则天顺圣皇后"，而在古代史籍中，她大多被称呼为"武后"。

一般来说，传奇人物往往都有着传奇的出生故事，例如传说中的"天生玄鸟，降而生商"和姜嫄履大人迹而生下周人祖先后稷的故事，还有那位引得周幽王"烽火戏诸侯"的褒姒则是周厉王的宫女踩了天降神龙的"龙漦"而莫名其妙地感孕而生。也许是古人将武则天视为与褒姒类似的"红颜祸水"，所以武则天也有了一个与褒姒十分相似的出生传说。

据说在武则天的出生地利州有一个龙潭，武则天的母亲杨氏曾经在那里游览，谁知突然有一条龙跃出水面，于是杨氏因龙感孕，生下了武则天。这个看似荒诞的说法，在古代却有很多人相信，不仅李商隐在自己的诗作中提到利州是"感孕金轮所"，金轮指的就是武则天，南宋的冯伉也在诗中写道："黑龙之精钟女武，祸胎于周易唐王。"

当然，无论传说多么地耸人听闻，在唐高祖武德七年（公元624年），武则天刚刚来到人世的时候，她也不过是父亲武士彟与母亲杨氏诞下的武家二女儿而已。

《新唐书·后妃传》记载：武则天的五世祖武克己曾任北魏散骑常侍，高祖武居常任北齐殷州司马，曾祖武俭任北齐永昌王咨议参军，祖父武华任隋朝东郡丞。总的来说，武则天也算是出身于官宦之家，但是到了她的父亲武士彟这里，情况有了些变化。

武士彟是一个很有钱的木材商人，当时，商人虽然大多家财万贯、财大气粗，然而社会地位十分低下，被列为士农工商这四个阶层中的最底层，受到很多不公平的待遇。因此与大多数发家以后的商人相似，武士彟也十分渴望改变自己的命运，提高自己的社会地位。

为了改变命运，武士彟不惜花费大量家财来结交达官贵人、有识之士，因此结识了当时还是隋炀帝手下的唐公李渊，并且建立了比较友好的关系。后来李渊打算起兵反隋，于是派心腹刘弘基、长孙顺德外出招募士兵，建立自己的军队。谁知此事被隋朝将领王威知道了，王威下令逮捕刘弘基等人，多亏武士彟在王威面前周旋此事，刘弘基等人才幸免于难。

唐朝建立以后，李渊为了报答武士彟的这份情义，同时由于自己也曾受过武士彟的礼遇，于是便对武士彟大加封赏，逐步升迁他为工部尚书，利州、荆州都督，并且给了他应国公的爵位。李渊曾经大方地说："以能罢系刘弘基等，其意可录；且尝礼我，故酬汝以官。"武士彟从一介商人一跃而成为三品以上的朝廷大员，可见他这一笔买卖做得还是很不错的。

尽管武则天的父亲武士彟只是一个靠敏锐眼光上位的新贵,但是武则天的母亲杨氏,却是一位不折不扣的豪门贵女。她出身关陇望族,是隋朝宰相杨达的女儿,只是不知道什么原因,这位贵族小姐年近四十仍然没有结婚。后来武士彟的原配夫人相里氏去世,在李渊的撮合下,武士彟将杨氏娶进门,通过婚姻再一次提高了自己的社会地位。

武则天就是杨氏生下的三个女儿中的第二个,她从小生活非常幸福,人也聪明睿智,经常随外出做都督的父亲游历各地,并且喜欢看父亲的奏疏,不懂的就问个明白,很早就有了朴素的忧民意识。贞观初年,关中连续大旱三年,一家人扶武士彟的灵柩回老家,路途上饥民很多,武则天就问她母亲:"诏书上不是说仓廪足实,国泰民安的吗?"母亲只好宽慰她:"府衙里都是当官的,当然见不到饥饿的人群了,这郊外自然如此。现在还是好的了,在兵荒马乱的年代,饿死的人堆积着,无人管呢!"

可见当时,武则天就开始思考如何让老百姓丰衣足食之类的问题了。关于武皇的神秘性,流传最广当数袁天纲相面的事了。据说,武则天还在襁褓中的时候,袁天纲路过她家门口,对杨氏说:"夫人,你富贵相,定生贵子。"杨氏便把他请回家中,让奶妈抱来武则天,袁天纲把武则天误认为是男孩子了,给她卜卦说:"此儿龙睛凤颈,是贵极之相。可惜他是男子,若是女子,日后必成天下之主。"

天有不测风云,武则天十二岁的时候,武士彟患病去世了,失去了家里的顶梁柱,杨氏母女的处境变得非常艰难,兄长们霸占了宅子,她们母女只好去长安,过起寄人篱下的日子。据《旧唐书·武承嗣传》载:"士彟卒后,兄子惟良、怀运及元爽等,遇杨氏失礼。"终日看别人脸色行事,不是武则天的性格,所以,她无时无刻不在想着改变自己的命运,后来机遇真的来了,太宗的贤内助长孙皇后去世,皇后的位子空缺无补,太宗也无心立后。

但是,后宫的问题总要解决一下的,由于人数过少,不合宫中的规矩,太宗决定选些才貌出众的女子补缺。武则天的堂舅杨师道是当时的宰相,曾多次向唐太宗举荐武则天,再加上唐太宗的妹妹、杨师道的妻子桂阳公主也经常给太宗念叨武则天。于是,唐太宗对这个未见其人先闻其名的武则天,就此产生了兴趣,便下诏将时年十三岁的武则天纳入宫中。

接到圣旨后,武则天的母亲想到女儿马上就要孤身一人进入那云谲波诡的宫廷中,顿时觉得十分不舍,便哀哀哭泣起来。见此情状,武则天却毫无小女儿态,大方地安慰母亲说:"见天子庸知非福,何儿女悲乎?"可见武则天的思维模式不是常人的思维模式,也就预示了她要出人头地的将来。"武家有女初长成,一朝选在君王侧",从此命运向武则天打开了新的大门。

一个乳名引发的血案

武则天进宫后,太宗见她长得确实水灵,很是招人喜欢,就赐号"武媚",封为五品才人,但毕竟年龄太小了,此后太宗也就没怎么注意她。究竟才人处于哪个级别呢?当时皇帝有一后、四妃、九嫔、九婕妤、四美人、五才人、八十一御女。

在这等级森严的后宫金字塔中,才人处于中下层,而且才人并不是养尊处优、无所事事的贵妇,而是"掌叙宴寝,理丝枲,以献岁功"的后宫女官,要负责祭礼、宴饮和引导命妇朝觐。所以入宫后要学的东西很多,官方就规定女官必须在进行了严格的教育和长时间宫中生活的熏陶后才能管事。于是,武则天也随着新进的宫女学习经书,书写文章辞赋,还学了书法、音乐、作画等艺术知识,其实就相当于现在的基础知识教育。

礼仪以及侍奉皇上和后妃的知识,是一门非常重要的实践课程,由一些有经验的女官教授。这些武则天都努力地学了,更重要的是,她在这十一年里,耳闻目睹,积累了大量政治经验,特别是唐太宗把她调到自己身边做贴身侍女后,她学习了很多做帝王的道理，为她后来做女皇积累了丰富的经验。

但是，她的理想是那么遥远，她没有得到太宗的恩宠，如此消磨岁月，只能让年华老去。在古代，对于女人最重要的就是芳华，在宫里，一个女人等到芳华逝去就很难再见天日。武则天一出场就注定不是一个安分的女人，平淡熬日子不是她的风格，她总要给自己找机会吸引太宗的眼球。于是就有了后来武则天亲口讲述的狮子骢事件。

狮子骢是一匹烈马的名字，长得高大凶猛，没人能驯服得了。唐太宗十分喜欢驯马，但也拿狮子骢无可奈何。有一天，他带着妃嫔观马，武则天也在其中，所有的人看到狮子骢都发出唏嘘之声，没谁敢上前驯马。这时，武才人毛遂自荐说自己能驯服这匹马。不过，需要皇上赐她铁鞭、铁锤、匕首这三样东西。

唐太宗疑惑地问，这三样东西都不是驯马用具，你要它们做什么？武才人回答说先用铁鞭抽打马，如果它不温顺下来，那就用铁锤敲它的脑袋，再不行的话，就用匕首杀了它。太宗看着这个美貌如花的小姑娘，口中竟说出如此凶狠之策，不禁毛骨悚然，半天没反应过来，只是木讷地夸了她一句好胆量。

虽然机会抓住了，但效果并不好，武则天在这件事中暴露了自己的性情刚烈、胆大果断而又不允许别人忤逆自己的个性，这和唐太宗太像了，这让他感到害怕。那时，女子都以娇弱为美，而武才人句句惊人，这是有惊无喜，让太宗重新认识了她。但是，他这样的男人一般喜欢和他互补的柔弱女子，不难想象，狮子骢事件没有给武则天带来得宠的机会。

后来，有一件更严重的事情差点要了武才人的命，当时，民间流传的"女主武王"的传言传到了宫里,太宗知道后召见太史令李淳风。这个李淳风"博涉群书,尤明天文、历算、阴阳之学",相传著名的预言书《推背图》就是他的著作。在反隋立唐的战争中和李世民与李建成的争夺中,李淳风作为参谋也起了很大的作用,因此唐太宗十分相信他的话。

李淳风进宫以后,唐太宗便直截了当地问他是否知道"女主武王"的事。李淳风说,他观天象看到了太白星,预示着女主天下,并且,李淳风还说自己已经推算出这个武氏女子已经在宫里了。唐太宗听了以后非常紧张,想在后宫大开杀戒,避免江山被夺的厄运,但是,李淳风以天命难违劝说,唐太宗才打消了这个念头。但是,机遇巧合,老天自有安排,武则天免于丧命,而李君羡成了替死鬼。

事情是这样的,一天唐太宗举办宴会,兴致之极,太宗让大家说自己的乳名来行酒令,看到皇帝如此高兴,在场的众臣也纷纷兴高采烈地说出自己奇怪的乳名并且互相嘲笑。正当气氛热烈之际,左武卫将军李君羡上前说:"臣乳名五娘子!"一个五大三粗的将军乳名竟然叫五娘子,这分明是个女人的名字嘛,于是引起了全场哄笑,唐太宗也笑呵呵地说了一句:"何来女子,如此勇健!"

然而话音未落,唐太宗就被自己说出的"女子"二字惊呆了,是啊,如果是后宫女眷又怎么可能有野心有能力推翻李家宗室,成为天下之主呢?相比之下,这个掌控着玄武门的将军才更加可能吧,何况李君羡虽然不姓武,但却是武安人,任职左武卫将军,守卫着玄武门,封爵武连郡公,这一连串的武字和女孩的乳名让唐太宗认定李君羡正是那"女主武王"所指的对象。于是没过多久就找个借口除掉了李君羡,从此唐太宗放下了一桩心事,而武则天也得以幸免于难,但是她仍然没有得到太宗的宠爱。

太宗一生儿女众多,却没有一个是武则天所生,这也说明了太宗极少宠幸她。大约在武则天快二十岁时,礼部尚书侯君集打败了高昌,占有了高昌的钱财,而大将薛万钧则霸占了高昌的妇女,后来太宗怪罪下来,让薛万钧和高昌妇女对质,魏徵和岑文本去说情。魏徵说:"让亡国的女人和大将对质,确有其事的话,所得也不多;没有其事的话,失去的却很重要。当初秦穆公请来盗马的人喝酒,楚庄王赦免趁黑调戏爱妾的人,难道陛下的气度不如他们二人吗?"(《贞观政要》)

无奈之下,唐太宗只好将侯、薛二人释放,但是,心里很不舒服。当晚,武则天在左右侍候,见太宗不高兴,以言辞宽慰他,太宗心情好转就临幸了她。但是武则天强硬的性格让太宗对她始终不热络,所以,那次临幸也是唯一的一次。有的文学作品还说在太宗弥留之际曾想杀死武则天,武则天无奈对太宗承诺,等皇帝"龙驭上宾,臣妾宁愿在柩前自尽,以身殉主!"太宗还是不放过她,让她立马自杀,于是,武则天去投缳自尽,这时,太宗才有所不忍,没有继续逼她死。

当时和武才人一起选秀进宫的一个女子,名叫徐惠,貌美而多才,又温柔似水,比之武才人少了很多霸气,很快就步步高升,武才人眼看着别人都立住脚了,自己并不比别人差,怎么会甘心居于人下呢?但是,她知道太宗这条路是行不通了,于是,她寻找到另一种路径。

一次太宗得了"风疾",也就是中风,据说这是李唐家族的遗传病。太宗突然病重,太子李治是个孝顺的皇子,天天去照看父皇,由于不忍心让李治来回跑，太宗就让他在身边住下了，武才人终于找到了新的通天梯。《资治通鉴》非常隐晦地记载："上之为太子也，入侍太宗，见才人武氏而悦之。"这一个"悦"字有很丰富的内容，可以理解成"喜欢"或"一见倾心"，但到底是谁主动谁被动，很难说清，至于这段感情那时发展到何种程度就更不得而知了。贞观二十三年（公元649年），太宗由于"风疾"去世，太子李治即皇帝位，为高宗皇帝。

由于养病的需要，太宗病危时住在宫城之外，去世时也在宫廷之外，如果让大臣们知道的话可能会瞬间引发政治斗争，造成相互残杀，血流成河的惨剧。唐太宗在弥留之际，召来长孙皇后的哥哥长孙无忌和其他一些信得过的朝廷重臣，交代他们要好好辅佐太子，不能声张皇上病危的消息，稳定住局势。几人接受了唐太宗的遗言，星夜护送太子李治回到了长安，先稳定住大局。随后，另一队带领其他人马护送太宗的灵柩前往长安。等到确定两队人都到长安后，他们才将唐太宗驾崩的消息昭告天下。几天后，太子李治于太极殿登基。

唐太宗死后，按照宫中的规矩，未生子女的嫔妃都要发配到皇家寺院为尼，二十六岁的武媚娘就和其他未生育的妃嫔一起到感业寺出家。当时，很多被迫出家的妃嫔从此就青灯古佛，了此残生。据说，当时一大群女子形同囚犯，被拉到西郊外，个个低声抽泣。更有甚者，那个和武则天一起选进宫里的徐惠在太宗去世后竟自缢身亡了。

只有武则天与众不同，她高昂着头，款款而行，面色镇定，好像不是去艰苦度日，而是在筹备着一个弥天的计划。也许，她知道命运在不由自己选择的时候只有接受，但接受不代表认命，这才是真正的武则天。

唐高宗李治立武则天为皇后所下诏书中有这样一句："遂以武氏赐朕。"有人据此进行推测，太宗在病重的时候，李治日夜去守护，和武才人产生了恋情，被太宗发觉了，便故意让武才人侍候李治，并私下允诺了他们的关系，但是，碍于父子之间的关系就一直没有公开。临行前，李治答应到合适的时候就接她回宫，并给了她玉佩作为信物。所以，武则天在去往感业寺的路上，才如此放心，一副天不怕地不怕的神态。

也有人说，在武则天进感业寺之前，她和李治已经商量好下一步的打算，但是贵人多忘事，李治后来就慢慢淡忘了这个女子。武则天不会坐以待毙，她写了一首表达思念的情诗，《全唐诗》里收入她这首乐府诗《如意娘》：

看朱成碧思纷纷，憔悴支离为忆君。
不信比来长下泪，开箱验取石榴裙。

一般人，写了情诗聊以自慰也就罢了，但是，如此情真意切的诗句，武则天写出来可不会就让它高枕于台阁上，她把它作为改变自己命运的筹码，并设法传到了李治的手里。李治看后不胜悲怀，自然怀念起这个女子来，可是，他能去感业寺的机会并不多，不管怎么说，这首诗让两个人藕断丝连，感情得以继续下去，武才人的目的也就达到了。

武才人随一批人被拉到了感业寺，感业寺在长安的西郊，依山傍水，古朴秀丽，是修身养性的好去处。但是对于有着雄心壮志的武则天来说，无疑是人间地狱。她刚进寺院的时候，对那些形容枯槁絮絮叨叨的女人特别厌恶，她们目光呆滞，充满了死气，她们盯着她的行踪，她就得小心翼翼。但是这些是关不住武则天的理想的，她逐渐沉静下来，开始读经书，然后感业寺的主持就对她另眼相看了。

有一天，主持问武则天："你对佛经很熟悉啊，以前读过吗？"武则天看着这位沧桑的老人说："弟子年幼时受家母的影响，略略读了一些。""原来是这样，看来你和我佛真的有缘，然而佛经不过是些文字，佛法才是大道理。希望你以后更加努力，好好参禅，以期修得正果。"

至于李治怎样跑到感业寺与武则天见面的，《资治通鉴》有这样的记载："上之为太子也，入侍太宗，见才人武氏而悦之。太宗崩，武氏随从感业寺为尼。忌日，上诣寺行香，见之，武氏泣，上亦泣。"大意是说，李治做太子的时候，去服侍太宗，对武才人一见生情。后来，武才人去了感业寺，李治在父亲的忌日去感业寺上香，见到了武则天。两人见面后，李治对武则天甚是怜惜，但在寺院里，二人不能多说什么，只能"相顾无言，唯有泪千行"。也许正是这次见面使李治突然觉得自己对不住武则天，于是下了接她回宫的决心。

明明是父亲的女人，李治怎么会有这种想法呢？这和李氏王朝夺得天下的哲学有关，只要足够强大，就可以拿取自己想要的东西，这一哲学在玄武门政变中也得到证明，再说当时太宗已经过世，所以，李治是不难突破那些限制的。但是高宗回去后还没有向皇后开口，事情就有了转机。这一切都得力于后宫的争斗，武则天的命运又有了转折，她很顺利地回到了宫里。

从尼姑到皇后

高宗的皇后王氏是关陇大族的后人,出身高贵,且贤良淑德。当李治还是晋王时,在高祖妹妹的牵线下,王氏就成了晋王妃。后来李治做了太子、皇帝,王氏的身份也就跟着升为太子妃和皇后。皇后貌美,是个好媳妇,传说太宗去世前对褚遂良说:"朕佳儿佳媳,今以付卿。"

但是,史载王皇后"性简重,不曲事上下",是一个极无趣的人,一天到晚总是低垂着眼睑,毫无表情,也不会讨好皇帝,笼络身边的宫女、宦官,这也是她有着如此显贵的出身和出众的美貌却自始至终都没有得唐高宗宠爱的原因。试想,在朝堂上,高宗听老臣们无休止的劝谏已经是心力交瘁了,回到后宫,还得面对一个僵硬着面孔、没有任何温存之感的皇后。所以,皇上更喜欢萧淑妃,为了躲避王皇后,他宁愿躲在萧淑妃的住处。

话说这个萧淑妃,出身也非常显贵,是梁昭明太子的一支后裔,大唐建国时,还出过一个宰相萧瑀。她长得好看,嘴巴又甜,活泼直爽,李治做太子时便进入了东宫。更重要的是萧淑妃还给李治生下了儿子，而王皇后膝下无子。在这种情况下，高宗专宠侧室，让王皇后感到了极大的威胁。然而更严重的事情发生了，以长孙无忌为首的大臣们建议皇上立太子，因为皇后无子，无嫡立长，于是就立高宗的长子燕王李忠为太子，这样以免立萧淑妃的儿子为太子。但是，这并没有让皇上回心转意，因为燕王李忠的母亲出身很卑微，皇上还是专宠萧淑妃。

后来，高宗和武才人的恋情渐渐地传遍了宫里，王皇后得知了高宗和武则天的私情后，就更沉不住气了，一个淑妃就够碍眼的了，又出现一个尼姑。但是，王皇后心里非常清楚，此时淑妃才是自己最大的威胁。于是，她想把武则天引进宫去牵制淑妃，她认为一个尼姑是不足为虑的，再加上武媚娘背后没有权势依靠，即使皇上宠幸了她，有朝一日要除掉她也不是大问题。

王皇后就把这个想法告诉了自己的母亲柳氏，柳氏也觉得是个办法，想着一个尼姑也不足为虑，改日再除也不晚。两人又找舅父柳奭商量，柳奭明白自己的命运和皇后的命运息息相关，眼看着淑妃专宠，也觉得牵制淑妃是最重要的，就同意了将武则天引回宫中的想法。

在母亲和舅父的支持下，王皇后速战速决，立即派人到感业寺通知武则天蓄发待诏入宫。然后，她又将此想法告诉高宗，高宗正惦念着这藕断丝连的感情怎么处理，听王皇后之言，满心欢喜，觉得王皇后真懂他的心，对王皇后也热情起来。武则天得知皇后让她蓄发准备入宫，心里非常高兴，虽然知道出去后一切都是未知数，但是，她还是决定再和命运赌一次，先出去，日后再相机而动。

不久，宫中果然来人接她了，回到皇宫后，王皇后喜笑颜开地对她嘘寒问暖，还说自己并不知武才人在感业寺，是皇上想念武才人，她才得知的。但是，武则天很快明白了皇后接她回宫的真正目的。在感业寺的那段时光，让武媚娘沉静了很多，少了些许往日的刚烈，也磨炼了坚韧的品格。后来，皇上去武则天处时，武则天总劝他要多礼遇皇后，高宗也从心里感激皇后，自然就应了。这样，皇上就把淑妃给搁置在了一边，王皇后也对她放松了警惕。

武则天再度进宫后，人就成熟多了，也了解皇上的喜好，对于后宫的人情世故也了然于心。而宫内的人都知道皇上和皇后性格不合，皇上细心敏感，王皇后却不苟言笑，经常对皇上板着脸。而武则天和李治则是互补的一对，武则天刚烈果断，善于谋略，还博学多才，能和李治谈论的话题很多。而李治性格内向，优柔寡断，正需要一位比他年龄稍大又让他感到放松的女子。

由此，就不难理解萧淑妃为什么会败给武则天了。高宗喜欢成熟的女人，而萧淑妃泼辣幼稚，相反，武则天温柔风致、坚强冷静、胆大心细，这一切都让高宗仰慕和依恋。武则天在文学、音乐和书法等各个方面的才华，也让高宗为之叫绝，加之几年的地下恋情，终于见得天日，二人自然如胶似漆。

面对一国之君李治，武则天委曲求全，少了狮子骢事件时的锋芒毕露，变得温柔起来，再加上年岁的增加，不免多了几分风韵。在皇后面前，她常对皇后把她从感业寺救出来的事感恩戴德，使王皇后觉得武则天还是个知道感恩的人，可以同舟共济，就在皇上面前说她的好话，将她晋封为昭仪。

而在对待身边的宫女、宦官们的态度上，武则天走了和皇后相反的道路。王皇后性格高傲，对上对下都不放在眼里，俨然一个孤立的冰美人，武则天却时常把皇上赐给她的东西赐给宫女、宦官们，特别是那些对皇后不满的人，她施恩更重，不久，她在宫内的眼线就很多了。她派他们去监视皇上和萧淑妃的动静。

这时，皇上被王皇后和萧淑妃的争风吃醋闹得心烦意乱，武昭仪渔翁得利，得到了皇上的专宠。高宗共十二个子女，最小的六个都是武则天所生，可见武则天是多么受宠了。但是，武则天有着更大的野心，她怎么会满足做一个昭仪呢？

其实，武则天的野心在她的第一个儿子出生时就显现出来了。她入宫后的第二年，也就是永徽三年，就给高宗生了一个儿子——李弘，后来被册封为代王。按理说李弘在皇子里面并不特殊，但是这个名字里却暗藏玄机。

在魏晋南北朝时，天下动荡，百姓深陷水深火热之中，由于道教盛行，在各地都有太上老君下凡拯救黎民、开创太平盛世的传言，而传说中这位太上老君的化身就叫李弘。那些起义者为了增强自己的号召力往往都化名李弘，出现了"但言老君当治，李弘应出，天下纵横，反逆者众，称名李弘，岁岁有之"的情况，可见"李弘"二字在民间的号召力及其背后蕴含的政治意义。

看到武则天不仅得到皇帝的专宠，还生下了皇子，并且，小皇子被赐予意义深远的名字，王皇后才突然意识到武昭仪的威胁。于是她转而联合萧淑妃一起对付武则天，她们时常对皇上说武则天的坏话。而此时高宗对武则天十分宠爱，"不信后、淑妃之语，独信昭仪"，并且对皇后和萧淑妃结党营私、排斥异己的行为心生厌恶。

看到时机成熟，武则天便想抬高自己的出身为自己积累政治资本，于是她请高宗追封其父武士彠，这样，武则天也算是名门之后了。为了表示对武昭仪的爱意，高宗又专门颁布法令让武昭仪的直系亲属都可以名正言顺地出入宫门，母亲和守寡的姐姐都来到了宫里，这点让武则天很高兴，享受到了久违的天伦之乐。

虽然如此，但武则天心里也清楚，王皇后和萧淑妃的家庭背景很强大，皇上也不会为了私情得罪她们两个的家族。因此，要实现自己的野心，废王立武，就得自己寻求出路。大约在永徽四年（公元653年）底或者永徽五年（公元654年）初，武则天生下了一个小公主，长得水灵灵的，高宗非常喜欢。永徽五年（公元654年）初，王皇后去武则天处探视小公主，逗小孩玩了一会儿便离开了。

据说武则天利用王皇后探视新生婴儿的间隙，亲手掐死了自己的女儿。等到高宗来了，武昭仪故作不知地随着他一起去看小公主，欢喜地说笑着，谁知一掀开被子发现，小公主已经死了。惊恐之时，高宗叫来宫中人询问谁来看过小公主，宫人都说："皇后刚来过。"

高宗见爱女横死，哪里还有心情去考虑其中的蹊跷？再联想起皇后以前就和萧淑妃勾结在一起为难武昭仪，现在见武昭仪生下女儿，自己又宝爱非常，未尝做不出杀人之事，于是立即就认定："后杀吾女！"这样王皇后在没有任何心理准备的情况下被诬陷了，有口难辩，被打入了冷宫。其实，关于小公主之死，自古有多种不同的说法，上面是一种，也有说法认为小公主是自然死亡，武则天顺势推给了王皇后。

永徽六年（公元655年），武则天再次发难，她让宫里面的人报告皇上说王皇后和她的母亲魏国夫人柳氏施行"厌胜"来诅咒自己。所谓"厌胜"，是古代的一种巫术，也就是用一些特殊的物品以诅咒的方式来制服人或物。巫蛊之术是宫中的忌讳，汉武帝征和元年（公元前92年）曾发生过一起巫蛊案件，牵涉数万人丧命，血流成河。关于王皇后搞巫蛊这件事，还没有定论是真是假，但是这件事更加坚定了高宗废黜王皇后的决心。

离婚需要高深的政治手腕

高宗下定了废王立武的决心,便找大臣们商量,第一个找来的就是长孙无忌。长孙无忌是开国功臣,又是高宗的舅舅,高宗被立为太子,长孙无忌下了很大的工夫。第二个是褚遂良,褚遂良在太宗在位时参与过很多军政大事的决策,太宗很看好他,所以想废黜王皇后一定得征询这两个老臣的意见。但是长孙无忌和褚遂良都坚持王皇后是先帝选定的儿媳妇,并无重大过错,不能随便罢黜,由于长孙无忌在朝堂上的地位举足轻重,看到他如此坚决地反对,高宗也不敢轻举妄动。

不过,当时朝堂上还有一支与长孙无忌代表的士族地主——关陇集团相抗衡的力量,这就是以李勣为代表的庶族地主——山东集团。虽然李勣对于此事也未明确支持,但他称病不出,无异于投了弃权票,表示他与长孙无忌并不属于同一阵营。因此,长孙无忌并不能统一朝堂的声音,这就为武昭仪绝地反击、高升后位留下了机会。

正当武则天和李治因废王立武发愁时,有一个叫李义府的人毛遂自荐，愿意为武则天卖命。其实，他也只是想保住官位而已，他本是中书舍人，因为得罪了长孙无忌，要被发配到壁州担任司马。李义府是个见风转舵、很识时务的人，他知道此时有能力、有胆量又有需要与长孙无忌正面作对的只有武昭仪，同时也知道武昭仪要做皇后，需要朝堂上有一个人站出来反对长孙无忌。为了保住自己的官位，李义府便投靠了武昭仪，并且上表直言请求废王立武。收到李义府的表章，高宗十分高兴，于是便提拔李义府做了中书侍郎。

见到李义府公然与长孙无忌作对非但没有受到惩处，反而还被皇帝破格提拔，朝臣们顿时明白了高宗的意图。卫尉卿许敬宗、中书舍人王德俭、御史大夫崔义玄、御史中丞袁公瑜等人看到皇上的意图明确了，也都站在武昭仪这边。这样武昭仪很快有了自己的外廷力量。在支持武则天的臣子中，许敬宗的年龄最大，他和李义府一起，通过武则天的母亲杨氏内外联络，很快建立起外廷的情报网，武昭仪距离皇后之位已经不远了。

与此同时，以长孙无忌为首的反对武则天的朝臣队伍也建立了起来。裴行俭不赞同废后，就在外面说了些闲话，被武则天的人听到了，又通过杨氏传到了武则天的耳朵里。由此，裴行俭很快就被贬官为西州都督府长史，被赶出了京城。

永徽六年（公元655年）十月，唐高宗在退朝后把长孙无忌、李勣、于志宁、褚遂良等四位大臣单独留了下来，说有要事商量。他们四个很清楚皇上找他们是什么事，于是在见到皇上之前就商量好了对策。

皇上召见之后，便开门见山地对长孙无忌说："皇后无子，武昭仪有子，今欲立昭仪为后，何如？"谁知长孙无忌还没开口，褚遂良便慷慨激昂地陈述了一通大道理:"皇后名家,先帝为陛下所娶。先帝临崩,执陛下手谓臣曰:'朕佳儿佳妇,今以付卿。'此陛下所闻,言犹在耳。皇后未闻有过,岂可轻废!臣不敢曲从陛下,上违先帝之命!"不仅不同意皇帝废掉王皇后,甚至还给李治扣上了不尊先帝遗命的罪名,李治听罢大怒,立刻拂袖而去。

但是,武则天绝不是知难而退之人,这次她败给了长孙无忌等人,便给高宗出主意,谋求下一回合的胜利。第二次召见,李勣称病躲在家中没去,褚遂良似乎不敢再继续用"违先帝之命"的名义来反对废除王皇后了,便退而求其次地说:"陛下必欲易皇后,伏请妙择天下令族,何必武氏!武氏经事先帝,众所共知,天下耳目,安可蔽也?万代之后,谓陛下为如何!愿留三思!臣今忤陛下,罪当死!"反正就是如果皇上要换皇后也可以,但不能是武昭仪,可以选个出身好的。他还攻击武则天的清白问题,甚至以千秋万代的名声来威胁唐高宗。

然后褚遂良又状若癫狂地在御阶之下凶猛地磕头,弄得头破血流,还将手里的笏板扔到殿阶之上,大叫:"还陛下笏,乞放归田里!"翻译成现代语言就是:"还你的破笏板,我不干了!"唐高宗对褚遂良如此失礼的言行震怒不已,便要命人轰他出去。

正当朝堂上推推搡搡乱成一团的时候,只听见朝堂的帘子后面忽然传来女子清脆冷冽的声音:"何不扑杀此獠!"幸好长孙无忌反应快,在高宗说出"好"字之前高声说:"遂良受先朝顾命,有罪不可加刑!"褚遂良总算没有被杀死。这场朝堂上的闹剧很快就在宫中传开了,这样一来,以前没有通知来议此事的大臣也上表反对立武昭仪,大部分宰相都举了反对票,这让高宗和武昭仪不免有点

公輸盤

京畿瑞雪图页　唐　李思训

失望。

突然，高宗发现李勣没来，也没上表。李勣一直称病在家，他到底是什么意见呢？于是，高宗单独召见了他，试探他说："朕欲立武昭仪为后，遂良固执以为不可。遂良既顾命大臣，事当且已乎？"李勣是个聪明的人，他没有直接回答皇帝的问题，而是说："此陛下家事，何必更问外人！"

高宗一听非常高兴，局势立马有了转机，支持武昭仪的人听说了他的意见也非常高兴，许敬宗在朝中扬言说："种田的农民若是多收了十斛麦子还想着换老婆呢，何况天子想立皇后，哪有别人插嘴妄言的余地！"武则天运用她在宫中的人脉网很快便将许敬宗此话宣传开来，为皇帝改立皇后造势。

永徽六年（公元655年）十月十二日，唐高宗下诏："王皇后、萧淑妃谋行鸩毒，废为庶人，母及兄弟，并除名，流岭南。"这样，王皇后就被废掉了，可是后宫不可一日无主，没过几天，许敬宗就上表，请求皇上设立新后，这正中高宗下怀。

十一月一日，武则天正式成为皇后。册立当天，武则天在肃义门接受文武百官的朝拜，这在中国历史上也是第一次，以往的皇后是没有这个待遇的。以往的皇后只能接受内外命妇的朝拜，百官不需要朝拜皇后。可见，武则天一当上皇后就与众不同，她已经成长为一位了不起的政治家，这些都昭示了她的野心在更大的地方。

武则天当上皇后以后，当然，那些反对武则天的人也就要遭殃了，长孙无忌、褚遂良先后被贬官流放。没过几年，褚遂良就死在了爱州（即今越南清华），长孙无忌在黔州（治所在今四川彭水）被迫自杀。树倒猢狲散，长孙无忌一死，很多人都被牵连进来丧了命，这场家庭内部的问题已经漫出家务事的范畴。通过这场斗争，唐高宗李治不仅按照自己的心意改立了皇后，更摆脱了顾命大臣的掣肘，成为真正一言九鼎的皇帝。皇宫内部的权力争斗，让武则天看到了权力的力量，失去权力立刻就有性命的担忧，所以这次她要握紧手中的权力。

武则天先后嫁了两位皇帝——唐太宗和唐高宗；生了两位皇帝——唐中宗和唐睿宗。这期间虽说历尽艰辛，但武则天终于一步步实现了自己的理想，也实现了相面先生的预言，她成了唐高宗的皇后，继而又建立了武周政权，这位了不起的女人在男权社会中一步步开创了女性的新时代，成为中国历史上唯一一位君临天下的女皇，并且也是有作为的皇帝之一，从贞观之治到开元盛世，这离不开她的功劳。这样一个女人，在中国历史上抹下了浓重的一笔。

双悬日月照乾坤

武则天虽为皇后，但其拥有的实际权力已如皇上，二圣临朝已经成为惯例，朝堂之上大大小小的政事都是由高宗和武后二人共同决策的。懦弱的高宗现在只是朝堂之上的一个摆设而已，实际权力已经掌握在武后的手中了。既然已经二圣临朝了，武则天为什么还要煞费苦心、劳师动众地进行封禅泰山呢？

一直以来，泰山封禅都是中国古代帝王告祭天帝最为隆重的典礼。在唐代以前，历朝历代的皇帝中也只有秦始皇和汉武帝举行过泰山封禅盛典。

一般来说，封禅泰山的大典大多举行于国泰民安的盛世，或是皇帝自认为取得了丰功伟绩之时。以这种方法来祭告上天，相当于皇帝的工作总结；再者，也通过这种途径来向天下显示国威，威慑不安分的邻国。当然，在五岳之首的泰山进行封禅活动，也有彰显君权神授，神化皇权的作用。

古代帝王中多有认为自己功绩卓著者，也不乏想要借助封禅向四方昭告国威者，然而他们大多受到朝廷大臣的阻挠，并未真正得以实施，就连齐桓公那样的霸主也因为管仲的极力劝阻未能成行。因为大臣们知道，泰山封禅并不仅仅是个仪式，更是对一个国家人力、国力、财力的巨大消耗，国力强盛仍需再三考量，国力不强更是不可能完成的。

泰山封禅想要顺利完成就需要天降祥瑞，表示天帝承认人间帝王受命于天，表扬其功勋卓越，否则就同秦始皇那样，即使浩浩荡荡去了泰山，也会因上山途中遭遇狂风暴雨最终未能完成封禅大典。虽说要天降祥瑞有点神话色彩，但是天气好是必不可少的，否则遭遇恶劣天气肯定是徒劳无功。还要国家有国力、财力的支持，百姓生活富足，否则如此劳民伤财之举必定遭到百姓埋怨。如此看来，想要泰山封禅绝非易事。

而且一般来说，封禅大典只有男性能够参加，即使是皇帝的母亲皇太后也只是名义上参加，而实际上由公卿代行。武则天当然知道泰山封禅的特殊意义，她更想通过泰山封禅向天下昭示点什么。当年的太宗皇帝在位时，文治武功功德卓著，天下一片繁荣之象，百姓生活富足，文武百官也力谏太宗泰山封禅，但是魏徵认为当时天下初定，国力尚不富强，四方边境依然没有安定，不具备去泰山封禅的条件，因此极力反对，若太宗强行，最终不过是"崇虚名而受实害"。试想以唐太宗的宏伟气魄以及超凡能力尚且没有去泰山封禅，武则天却想要封禅，她想以此表明自己的功绩更在太宗之上。

除了想向世人宣扬自己的功绩，向四方扬国威之外，武则天极力促成此行还有一个非常特殊而重要的原因，即她要为自己的将来造势。她虽然是一个女人，但是她不是一个普通的女人。她治理着一个泱泱大国，并且在她的统治之下，这个国家不但朝政清明，百姓安康，更征战四方，平定边陲，不亚于"贞观盛世"的繁荣昌盛。

武则天取得了大多数男人都无法做到的成绩，也就想要昭告天下，男子能做的事她都能做到，包括一向只有男人才有资格出席的封禅泰山。只有让人们习惯了她享有与男子几乎平等的权利，她将来要更进一步，登上那个只有男人才有资格坐的至高无上的位子时，反对的声浪才会弱一点，再弱一点。

现在的武则天实权在握，懦弱的高宗只是朝堂之上的一个摆设。再加上朝堂之上，诸如长孙无忌这些反对武后的人都已经被她打垮，剩下的官员们对于泰山封禅的提议齐声称颂。不久，二圣下诏，开始准备泰山封禅大典。

在旧制的封禅礼仪中，女性之所以没有参加的权利，是因为这些都是男人定下的规矩，如今，武则天要将这些不公平的规矩都改过来。她对唐高宗说："封禅旧仪，祭皇地祇，太后昭配，而令公卿行事，礼有未安，至日，妾请帅内外命妇奠献。"她的意思是太后作为封禅仪式中祭祀地神的部分配享，也就是附带享受祭祀，根据礼制是不应该由公卿大臣来献祭的，所以她请求以皇后的身份率领宫中所有有地位的女眷及有封号的官员女眷一起进行献祭，打破旧制中皇帝初献、公卿亚献的规矩。对武则天言听计从的唐高宗很快便欣然同意了她的请求。

武则天的封禅大典仿照古制进行，乾封元年（公元666年）正月三十日，一切准备工作就绪，封禅大典正式开始。第一天高宗在泰山南的祭坛上祭告天帝。第二天到山顶的"登封坛"再度祭天。到了第三天，在社首山"降禅方坛"祭祀地神，高宗初献，随后由宦官执着帷幕，武则天带领各内外命妇登坛亚献，最后以越国太妃燕氏（越王李贞的母亲、太宗的德妃）终献结束。第四天，高宗和武后共同登上朝觐坛，接受文武百官朝贺。自此，封禅礼毕，高宗、武后一行浩浩荡荡返回京师。

封禅泰山已经昭告天下，她武则天即使是一介女流，也是样样堪比古之明君。辅佐了高宗近二十年的参政经历，再加上总结了前人治国的种种经验教训，尤其是苦心专研太宗皇帝的《帝范》十二章，武则天根据本朝的具体特点，终于制定出了一套自己的施政纲领。当时虽是二圣临朝，但高宗毕竟还是名义上的皇帝，因此，武则天将自己的这十二条施政大纲以"建言"的形式提出，请高宗最终定夺并予以实施，这便是赫赫有名的《建言十二事》。

所谓《建言十二事》的具体内容是：

一、劝农桑，薄赋徭；

二、给复三辅地；

三、息兵，以道德化天下；

四、南北中尚禁淫巧；

五、省功费力役；

六、广言路；

七、杜谗口；

八、王公以降，皆习《老子》；

九、父在，为母服齐衰三年；

十、上元前勋官已给告身者，无追核；

十一、京官八品以上，益禀入；

十二、百官任事久，才高位下者，得进阶申滞。

武则天认为，农业是一个国家富强的根本，只有减轻农民的赋税和徭役，重视农业发展，才有可能实现国泰民安。以历朝历代来看，大兴土木工程建设需要大量的人力财力，精减一些不必要的宫廷建设，有利于减少开支，节约劳动力，减轻农民的徭役负担，将更多的力量放在国家的基本建设之上。同时禁止各部门的奢侈之风，尤其是南衙、北衙、中书省、尚书省等中央直属机构。

她还要求百官敢于谏言，为国家建设出谋划策，但绝不允许造谣生事、搬弄是非，这体现了决策者广纳谏言的度量。要求大小臣民都读《老子》，以示自己虽为武家的女儿，更是李家的媳妇，并非谣言所指"非我族类，其心必异"，以此让拥护李氏王朝的宗亲和臣子相信她是同心同德的，绝无外心的。她让官员们得到更多的福利和赏赐，以笼络人心，并借用丧葬礼仪来提升妇女的社会地位。她深知战争会将一个国家拖垮，因此，对于四方邻国，尽量友好结交，和平相处。

如此十二条建言集中体现了广开言路、善用人才、缓和阶级矛盾、外交友好等政策，确实是一个富国富民的好纲领，有利于皇权的巩固。高宗对此治国纲要十分赞赏，并立即下令执行。

儿子与西瓜的区别

泌因奏曰:"臣幼稚时念《黄台瓜辞》,陛下尝闻其说乎?高宗大帝有八子,睿宗最幼。天后所生四子,自为行第,故睿宗第四。长曰孝敬皇帝,为太子监国,而仁明孝悌。天后方图临朝,乃鸩杀孝敬,立雍王贤为太子。贤每日忧惕,知必不保全,与二弟同侍于父母之侧,无由敢言。乃作《黄台瓜辞》,令乐工歌之,冀天后闻之省悟,即生哀愍。辞云:种瓜黄台下,瓜熟子离离。一摘使瓜好,再摘令瓜稀,三摘犹尚可,四摘抱蔓归。而太子贤终为天后所逐,死于黔中。"

——《旧唐书》

"种瓜黄台下,瓜熟子离离。一摘使瓜好,再摘令瓜稀,三摘犹尚可,四摘抱蔓归。"这是武则天的次子李贤所写下的一首《黄台瓜辞》,其意是在感慨皇太子之位的变幻莫测,太子人选的一次又一次更换,就好比这瓜藤上的瓜一样,随意被人采摘,落得整个瓜藤最终凄寂寥寥。

身为武则天的儿子，李贤也曾经被立为太子，也正因为曾经到达过这个高位，所以在失去太子之位后才会倍加失落和感叹。那么，在武则天权欲的膨胀下，究竟又是哪些皇子成了李贤笔下所描述的"黄台之瓜"呢？

唐高宗李治一生中共有八个儿子，与武则天所生的儿子则有四个，按照出生前后分别是李弘、李贤、李显以及李旦。在与武则天生下这四个儿子之前，李治与其他女人还生有四子，他们分别是长子李忠、次子李孝、三子李上金以及四子李素节。

身为李治的长子，李忠很受父亲的喜爱，李忠的降临带给李治的不仅是初为人父的喜悦，他的出生正值李治刚被立为太子不久，对于刚刚当上太子的李治来说，长子李忠的降临可谓双喜临门，他当然大喜特喜了。永徽元年（公元650年），刚坐上皇位不久的李治就封年幼的李忠为雍州牧，可见对于自己的长子，李治抱有很大的期望。

然而，李忠虽为长子，但是他的母亲是个身份卑微的女人，不能给他以强有力的后盾支持，这是李忠日后博取太子高位的一大障碍。同时王皇后因为无子也深感后位不稳，于是她的舅父柳奭筹谋很久，想出了一个办法，他认为如果李忠能够与王皇后走得近一些，那么他们二人彼此就都有了后台和依靠。

柳奭之所以想出来这么一个计策，是因为当时王皇后与李忠有着同样的敌人，这就是萧淑妃和她的儿子李素节。武则天自感业寺回宫之前，萧淑妃不仅出身高贵而且极得唐高宗的宠爱，李素节也活泼可爱、冰雪聪明，除了长子身份而别无依靠的李忠很有可能败在得宠的萧淑妃母子手上。而如果李素节被立为太子，那么王皇后的地位也就岌岌可危了。

果然，经过柳奭这么一说，王皇后也认识到与李忠结盟的意义。于是不久以后，王皇后就向唐高宗提议立李忠为太子，再加上一群拥护李忠当太子的大臣们的支持，李忠于永徽三年（公元652年）顺利地当上了太子。王皇后也因为助了李忠一臂之力而受到李忠的感激。如此，二人的结盟关系就形成了。

不过，王皇后和太子李忠结盟的堡垒却丝毫经不住武则天的强势争夺。武则天进宫后，由于受到李治特别的宠爱，地位与日俱增，再加上她极高的宫斗能力，她很快就解决了王皇后。永徽六年（公元655年），武则天正式被立为皇后，成为大唐帝国的国母。

其实，早在武则天入宫以前，她就怀上了第一个儿子李弘。不过，那个时候的武则天还在全力为自己夺取皇后的位置，所以无暇顾及自己儿子的地位。当武则天顺利地成为皇后以后，她看着儿子李弘，越来越觉得不对劲。皇后为皇帝生的嫡子理应成为太子，可是李弘却没有得到太子的位子。于是，武则天下一个目标确立了，那就是帮李弘坐上太子的位子。

武则天是极度聪明的，她希望自己的儿子当太子，但是她也明白，这一点不应该由自己提出。武则天其实也不用着急，因为深宫中每个人都在为自己的生存而绞尽脑汁，而贵为皇后的她，还怕没有人来为她出谋划策吗？果然，就在武则天需要一个人提出改立李弘当太子的时候，礼部尚书许敬宗出现了。

永徽六年（公元655年）十一月，这是武则天被立为皇后的第二个月。这月三日，许敬宗上奏唐高宗，提出只有皇后亲生之子才应该成为太子，否则就会本末倒置，给国家带来危机。而且现在太子的母亲身份低微，皇帝又有了嫡子，这样危险的情况必然使不安分的邻国窥伺大唐，等到因太子之争导致内乱之时来趁火打劫。

其实，唐高宗也有意改易太子，再加上许敬宗如此一说，便有了名正言顺的说辞，李忠被废也就成了理所应当的事情。而身处东宫的李忠也明白事态的发展，他知道自己太子的地位肯定是保不住的，于是就主动提出了要让位。显庆元年（公元656年）正月，武则天的长子李弘正式被立为太子，年仅四岁。被废黜太子之位的李忠降为梁王，被赶到遥远的房州，后来又被人诬陷，废为庶人，最后被赐死。

太子李弘是个宽厚之人，又因为饱读诗书，所以内心十分慈善。他读《春秋》时老师教授他"楚世子商臣弑其君"，他却不忍心听这样父子相残的历史惨案，请求更换书目。于是师傅们改教《礼》。平定辽东后，"二圣"下令让逃亡的士卒限期自首，否则施以斩刑，妻子儿女没为奴。李弘知道后大为不忍，上表劝说取消罪涉妻子儿女这一条，表里有语："与其杀不辜，宁失不经。"咸亨二年（公元671年），高宗出幸东都，留太子李弘在京师监国。当时正遇灾荒，太子发现兵士的食物中有树皮和草籽，心中悯然，便命人把东宫里的粮米送给他们吃。

可是也正因为李弘的慈善，他最终也遭到了自己母亲的排挤。李弘惹怒武则天的原因源于萧淑妃的两个女儿。萧淑妃死后，她的两个女儿就无人看顾，三四十岁了都没能出嫁。李弘听说后心生怜悯，于是就请求唐高宗给她们找个人家嫁了。当然，这件事只是李弘母子失和的导火索，而真正的根源还是权力之争。

本来唐高宗由于疾病缠身、无力理政的缘故，根据惯例常常命令太子李弘监国，而李弘的监国工作也一向做得很好，这就使武则天插手朝政失去了借口。但是武则天对于权力的欲望太大，而她得到权力的路走得又太难，于是绝对不许任何人从她手中抢走权力，更不可能甘心在高宗死后做一个幽居深宫、不问政事的皇太后，太子李弘便成了她的眼中钉。武则天似乎选择性遗忘了李弘是自己亲生儿子的事实，只记住了他是自己的政敌，一个需要从肉体上消灭的政敌。

虽然对于李弘的死因没有明确的记载，但是从史料中的相关记载来看，李弘之死非常可疑，被武则天害死的可能性很大，但是真相究竟如何，史籍却并没有肯定的记录。《新唐书·孝敬皇帝弘传》中记载："上元二年（公元675年），从幸合璧宫，遇鸩薨，年二十四，天下莫不痛之。"《资治通鉴》则载："太子薨于合璧宫，时人以为天后鸩之也。"没有人能说清楚李弘到底是不是被毒死的，又是不是被武则天毒死的，这在千百年前就已经是一桩无可查证的皇室秘辛了。

李弘死后，上元二年（公元675年）六月，武则天的二子李贤被立为太子，并监国。相比于李弘，李贤除了在文化水平上不输于他的哥哥外，政治能力也很强。李贤在为唐高宗监国时期"处事明审，为时论所称"，在出色地完成监国任务的同时，李贤还召集了一班名流学者为《后汉书》作注，这就是历史价值很高的"章怀注"，可谓不凡。然而，李贤的才能也成为了他被拉下台的原因，因为在武则天的眼里，凡是对她争夺权力的路途有阻挠的人，都是必须被废的，何况这是一个才华横溢的太子。

其实，李贤与武则天一直以来都是有隔阂的，而这个隔阂还有关李贤的身世问题。宫中一直都有传言，说李贤是韩国夫人所生之子。然而，按照官方的说法，李贤是在永徽五年（公元654年）十二月出生的，而且还是个早产儿。可能也是因为李贤的早产，让武则天觉得这个孩子的降生不是什么好的兆头，所以武则天本人也不是十分喜欢李贤。

李贤当上太子以后，宫中就有一些别有用心的人散布小道消息说他不是武后的亲生儿子，而是韩国夫人所生，于是李贤对于武则天就十分不信任，担心遭到她的谋害。而武则天宠信的一个术士明崇俨又在她面前说"太子不堪承继，英王貌类太宗""相王相最贵"等话，怂恿武则天改立太子。这样母子间的距离就更远了。

此时武则天又得知李贤沉湎声色玩乐，还豢养男宠，尤其宠爱一个名叫赵道生的户奴。而且唐高宗敕令武则天以"天后"身份摄政的事情也遭到朝臣的激烈反对，并受到强势诘问："陛下奈何以高祖、太宗之天下，不传之子孙而委之天后乎？"这样一来，作为儿子，李贤行为不检令母亲失望；而作为太子，李贤又成为了武则天掌权的绊脚石。于是武则天专门命人写了两本书送给李贤，一本是《少阳正范》，这是教太子如何做好太子的，另一本是《孝子传》，这是教太子如何做一个孝顺的儿子的。看到母亲送来的这两本书，李贤立刻明白了其背后的含义，他在不满的同时也感受到了来自武则天的强大压力。

李贤与武则天的母子关系越来越紧张和僵化，而武则天也在伺机寻找着废黜李贤太子之位的最终突破口。就在这个关键时刻，正谏大夫明崇俨死了，而且还是被人杀害的，因为最终没有抓到凶手，之前与明崇俨有隙的李贤就被武则天指为杀人的元凶。

事实上，关于李贤杀害明崇俨的事，武则天并没有确凿的证据，甚至可以说是毫无证据。武则天之所以要陷害李贤，是因为她认为李贤对她的威胁实在是很大，必须很快清除，而这个时候刚好明崇俨被杀，李贤也就顺理成章地成了替罪羊。

永隆元年（公元680年）八月，太子李贤被废，并被幽禁起来，东宫的政治势力也顺带被铲除。"文明元年（公元684年），则天临朝，令左金吾将军丘神勣往巴州检校贤宅，以备外虞。神勣遂闭于别室，逼令自杀。年三十二。则天举哀于显福门，贬神勣为叠州刺史，追封贤为雍王。"表面上看是丘神勣自主将李贤杀害，实则是武则天背后指使，而丘神勣也成了杀害李贤的替罪羊。

第二章

武周革命，光芒胜过太阳的明月

两度登基的唐中宗

中国历史上有很多以悲剧告终的皇帝，唐中宗李显就是其中的一位，更让他有所不同的是，在他曲折悲剧的人生中，他的亲人都先后当过皇帝：他的父亲唐高宗，他的弟弟唐睿宗，他的儿子唐少帝，他的侄子唐玄宗，当然，其中又怎能少了他的母亲，一代女皇武则天。

李显，生于显庆元年（公元656年）十一月，原名李哲，是唐高宗的第七子，武则天的第三子。也是这一年，他的母亲用狠毒的方法将已经被废的王皇后和萧淑妃杀害，还在其母腹中的李显，对于他将要面临的生活环境还一无所知。

弘道元年（公元683年）十二月，唐高宗驾崩，在李显的两位哥哥相继被废后，李显理所当然地被推上了皇位。他很兴奋，然而每当回想起两位哥哥的惨死经历，他又对他的帝王生涯毛骨悚然，不知道自己将要面临怎样的生活，更不知道自己会不会重蹈两位哥哥的悲剧。

李显害怕他的母亲，面对一个能够将亲生儿子残忍杀害的女人，又有谁能不颤抖？然而作为新上任的皇帝，李显又不甘心成为傀儡，他还是想要真真切切地获得一个皇帝应有的权力，可是这一切都只是个梦而已，因为所有的一切都控制在他母亲的手中，连同他的生命。与他的弟弟李旦相比，李显显然少了一些淡定，多了一些对权欲的渴望，他绝对比不上李旦的聪明，于是才有了如此悲剧的人生。

当上了皇帝的李显显得有些太过兴奋了，在武则天的眼皮底下，他居然还想要拥有自己的权力，这也是他被武则天废黜，降为庐陵王的直接原因。

李显排行第三，两个哥哥先后被立为太子，结果都没有登上帝位就被废黜，如今龙袍居然穿在自己身上，着实让他有些兴奋过头。那时，为了尽快培植自己的朝廷亲信，他有些迫不及待了。中宗即位后，皇后韦氏的父亲韦玄贞立即从一名小官一跃而升为豫州刺史，充分应验了"一人成仙，鸡犬升天"的旧话。但韦氏仍不满足，在她的要求下，颇有些惧内的中宗又准备升韦玄贞为侍中（门下省长官、宰相中的第二位）。

然而这次的提升并没有那么顺利，中书令裴炎坚决反对，据理力争，韦玄贞并无大功，仅仅凭借皇后父亲的身份一下子晋升高位，未免太快了一些。裴炎再三劝谏，惹得中宗火起，怒道："我以天下与韦玄贞，何不可！而惜侍中邪！"或许是为自己的仕途着想，或许也为了李唐的江山担忧，回天无力的裴炎无奈之下便将中宗所言如实转告了太后武则天，并且与武则天、中书侍郎刘祎之一起谋划废立之事。

第二日，武则天驾临洛阳宫乾元殿，召集百官，宣布废中宗为庐陵王。李显问道:"我何罪?"武则天道:"汝欲以天下与韦玄贞,何得无罪!"中宗这才明白过来,顿时无言以对。这样,中宗只做了四十多天的皇帝,就遭废贬。

钱穆先生解释,中国传统政治,本不全由皇帝专制,但中国政治史上所规定的一切法制,也时常有不严格遵守的特例,因为闹得不大,所以皇帝也可以偶尔任性一下。当然,前提是君主能够有足够的震慑力。中宗因无理封官时的一句戏言而被废,其实也是历史的偶然,武则天与中宗的力量权衡才是他下台的关键。

嗣圣元年(公元684年)二月,当了不到两个月皇帝的唐中宗李显被武则天贬出长安。在被贬后长达十四年的时日里,最初李显的内心充满了对母亲的恐惧,他每天担惊受怕地度日,生怕哪天接到母亲送来的赐死令,如此,他就会与两位哥哥一样,死在生母的手里,他心有不甘,甚至害怕到想要结束自己的生命。

后来还是在妻子韦氏的规劝和开导下,李显的内心才慢慢地平静下来,他不再那么害怕了,得以平静地生活。事实上,韦氏也是别有用心的,她是一个权欲旺盛的女人,她想要和李显等待回宫的时机,伺机恢复皇权,她更渴望武则天那样的人生,临朝称制,成为一代帝王。李显显然被韦氏的陪伴与诱导感动了,他曾经对韦氏发过誓,一旦他再次称帝,一定将韦氏封为皇后,并且让她为所欲为。

在房州的岁月中,李显与韦氏在寂寞与宁静的生活中相濡以沫,感情甚好,他们最小的女儿安乐公主也是在那个时候诞生的。李显很爱这个女儿,每每将其抱入怀中就不舍得放下。然而,当时的李显无论如何也料想不到,日后置他于死地的竟是曾经互爱的妻子韦氏和这个他最疼爱的女儿安乐公主。

终于，李显与韦氏等到了回朝的那一天。圣历二年（公元699年），出于政治上的权衡，武则天将李显夫妇召回宫中，并重新立李显为太子。神龙元年（公元705年），宫中政变，张易之、张昌宗二人被杀，群臣逼迫82岁高龄的武则天退位。同年二月，国号恢复为唐，唐中宗李显再次称帝，并封韦氏为皇后，置张柬之等朝臣的意见于不顾，追封韦氏之父为王。

李显非但没有信任张柬之等人，反而任韦氏为所欲为，甚至让她参与朝政。后来李显又把安乐公主嫁给了武三思的儿子武崇训，并封上官婉儿为昭仪，专门负责起草皇帝的诏令。韦后与武三思的关系本就说不清道不明，再加上上官婉儿与武三思也有暧昧不清的一面，在这三个人的背后，一股强大的政治势力悄然崛起，而这一切都是李显亲手造成的。

朝中大臣对于如此的政治形势都十分担忧，张柬之等曾几度极力规劝李显将武三思除掉，然而糊涂的李显却不以为然。其后，武三思与韦氏居然反过来诬告张柬之等人有谋反之心，并让中宗表面上将张柬之册封为王，实际上是降了他的职位。这样一来，张柬之就被迫离开了京城，就在他被调离京城的途中，又被武三思派的人暗杀，韦氏心头的一块石头终于落地。

或许是继承了韦氏的基因，安乐公主也是一个不甘寂寞的女人，她的野心与韦氏不相上下，更决心要与武则天一样临朝称帝。在安乐公主、韦氏以及武三思的再度怂恿下，李显又有意将非韦氏所生的太子李重俊废黜。不料，李重俊却先发制人，公元707年，他与左羽林大将军李多祚率领羽林军三千余人将武三思父子围困并杀死。李重俊本想连同韦氏与安乐公主一并杀之，却终因人数的差异而反被韦氏所杀。

韦氏与安乐公主大难不死，索性趁机将宰相魏元忠除掉，她们诬告魏元忠与李重俊有勾结，顺理成章地将魏元忠贬出京城。没有了政治阻力，韦氏和安乐公主独揽了朝中大权，再加上李显的昏庸，韦氏母女也大体实现了心中所想，差的只是走动最后一步棋子。在韦后和安乐公主的摆布下，李显这个皇帝当得也越来越离谱，他干过很多极为荒唐的事情，甚至连加印盖章的诏书都不看。

安乐公主一直觊觎着皇太女的位置，她十分希望母亲韦氏能够临朝称制，这样一来自己就能名正言顺地当上皇太女。然而李显不死，母女二人的心愿也只能是心愿而已。终于，有一件事情几乎要促成她们心愿的达成。那是公元710年的五月，一个叫燕钦融的小小地方官上书唐中宗，言辞之中都是对韦氏淫乱和干预朝政的指责。李显看过之后便传燕钦融进京，然而韦氏却派人当着李显的面摔死了燕钦融，韦氏发现，李显对此事极为不悦。

韦氏因为担心李显会彻底纠察自己的行为，再加上安乐公主背后的怂恿，终于下定决心要害死李显。一日，她在李显平日爱吃的饼里面下了毒药，唐中宗李显食后腹痛难忍，经医治无效而死，终年五十五岁。

就这样，一个是曾经与李显共患难，并且在绝望中给予李显安慰的妻子韦氏；另一个是李显曾经最爱的女儿安乐公主。李显的生命就葬送在这两个在他生命中有着极其重要地位的女人手中。然而这一切又都是李显一手造成的，他生性胆小懦弱，国事、家事没有一样能够处理得好。

唐中宗死后不久，韦氏和安乐公主就拿出了一封假遗诏，遗诏中要求立中宗之子李重茂为皇太子，由韦氏听政，相王李旦辅政。然而，韦后又心有不甘，她最终还是将遗诏再次改动，想尽一切办法要将李旦和太平公主隔离于她的政治权力之外。这样的举动，想必尸骨未寒的李显在九泉之下也会为韦氏和安乐公主而感到痛心吧。韦氏和安乐公主的密谋最终还是没有得逞，李隆基和太平公主的政变让这两个内心阴险的女人走上不归路，也算是为九泉之下的李显报了仇。

从出生到被最亲的人毒死，李显的一生经历了九曲十八弯，可谓苦难交加，然而李显能怪谁呢？如果不怪自己的话，或许他也只能怨恨自己的生母武则天，怨恨她不该将他带到这个世界上，怨恨她不该将他放置在如此一场政治的旋涡当中。

没有存在感的唐睿宗

龙朔二年（公元662年）六月，在长安蓬莱宫的含凉殿中，唐高宗一生中的第八个儿子，也是最小的一个儿子降生了。他叫李旦，是武则天四子中最年幼的，也是最与世无争的一个。史称"自则天初临朝及革命之际，王室屡有变故，帝每恭俭退让，竟免于祸"，也许正因为他的无争无斗，才让他避开了几位哥哥一样的苦难人生，安心地在他的书生世界中徜徉，并且安然终老。

嗣圣元年（公元684年）二月七日，唐中宗被武则天废黜为庐陵王，二十二岁的唐睿宗李旦代替了他的兄长李显正式登基，成为唐朝第五任皇帝。然而这位年轻的皇帝却是只在其位不谋其职的傀儡天子，他没有上朝听政的权力，而是他的母亲临朝称制。每每上朝，贵为天子的李旦都只能在旁殿静静地待着，但他从无怨言。

也许武则天对这个小儿子心有所愧，为了安慰李旦，她封了他的王妃为皇后，并让他的长子当上了皇太子，此后改元文明。然而这一年，仅年号武则天就改过三次，面对在朝廷中已经可以为所欲为的母后，李旦毫无表示，只是小心翼翼地戴着皇帝的帽子，同时又过着一如既往的书生生活。不问朝政，不是不问，是不敢，更是不能。

睿宗李旦已经习惯了他的身份，安安稳稳地写他的书法、读他的文学，直到垂拱二年（公元686年）正月，武则天突然要把帝位还给他，他才着了慌。当然，他从来都是皇帝，这一次武则天充其量也只能说是要把原本属于他的权力重新还给他。李旦十分明白嗜权的母亲并不是真的想放权，只是在徐敬业叛乱平息之后，做出一种还政皇帝的高姿态来显示自己的"高风亮节"而已。于是李旦坚决地推辞武则天的建议，请她继续临朝称制。

李旦是一个平庸的皇帝，他治不了国，对于这一点，他的内心十分明了。然而这并不代表他是一个平庸的人，李旦在文学和书法上的造诣是历史上很多皇帝都无法比拟的，他为人谦恭、孝顺、友善、好学，特别喜好文字训诂之书，就连武则天的母亲杨氏的墓碑以及有名的景云铜钟铭文都是出自他的手笔，其造诣之深可见一斑。

实际上，李旦是一个绝顶聪明的人，他看惯了几个哥哥因为对皇权的渴望而造成悲剧，他不愿意重蹈覆辙，再过一遍那样悲惨的人生，那不是他的人生哲学。更何况，他从来都对政事毫无兴趣，更愿意埋头于书海中，与古人对话，活在自己的精神世界中。于是，当母亲说要把皇帝的权力重新归还于他时，他果断地拒绝了。因为他不仅知道母亲所谓的权力归还只是出于对他的试探，他还明白，一旦他接受了，他的生命从此就不在自己的掌控之中了。

为了保住他一家人的性命，李旦向母亲表明了他的意图，武则天很高兴，她终于有了一个听话的儿子，一个不会阻碍她帝王道路的好儿子。于是，武则天依旧把持着朝政，当然，对于这位不给她惹麻烦的小儿子，她也给予了他一家人以"关怀"，连续地将李旦的几个儿子封为亲王,以彰显李旦的帝王之尊。

没有了后顾之忧的武则天,干脆为自己取了一个前所未有的响亮的名字,日月当空——"曌",那是公元689年,武则天改元为载初元年,改诏书为制书,一步步地临近皇帝的宝座,实现她"女皇帝"的心愿。

此后武则天下令开始使用周历,改朝换代已成定局,众人看在眼里,明白这是大势所趋,纷纷知趣地上书请愿,要求武则天正式登基称帝。那个时候,凡是意图反对这一想法和行为的人,武则天通通没有将其放过,株连九族,满门抄斩,不惜一切地为她步入政治最高权力扫清障碍。

身为名义上的皇帝的李旦也深知形势将走向何方,他更知道,母亲还没有正式称帝,差的就是他的请愿。李旦又一次毫不犹豫地向母亲表达了他的意愿,请求母亲早日登基,以顺应民心。在李旦将此想法说出口的那一刻,武则天已经迈上了改朝换代的最后一节阶梯。

天授元年(公元690年),武则天欣然接纳了群臣与睿宗李旦的请愿,同意正式称帝,于同年九月九日改唐建周。李旦完成了他生命中的第一次让位,从此降为皇嗣,其名也改为李轮。

让位之后,李旦就过上了战战兢兢、如履薄冰的生活,身为皇嗣,他不仅没有处理政务的权力,甚至连自己的爱妃都保不住,但是李旦将这一切都看惯了,也看透了,他已经有了一套在宫中的生存之道,那就是默默无闻,哪怕他的亲人遭受了天大的不公,他也一言不发,一事不求。他不是无情,只是他有一个无情的母亲,既然如此,不如无言。

圣历元年（公元698年）三月，武则天在听从了狄仁杰的建议之后，决定将皇位归还于儿子。李旦听说此事后便以身体有病为由，请求母亲将皇位让给他的哥哥庐陵王李显。当然，按照长幼之序，李显理所应当为皇帝，李旦以托辞将皇位推开，只能说明他是一个明智的人，他也知道母亲还是有意立庐陵王为帝的。

神龙元年（公元705年），宫中政变，以张柬之为首的人将张易之、张昌宗兄弟杀死，逼迫武则天退位，并且要求中宗继位。唐中宗李显顺利复辟，对于其弟弟李旦的谦让，李显十分欣慰，此后他表示要封李旦为皇太弟，但是李旦果断地推辞了。这是李旦人生当中的第二次让位，第一次让给了他的母亲，第二次让给了他的哥哥，期间虽然经受过不少的猜忌与诬告，但是两次让位都让李旦得以在宗室的血雨腥风中明哲保身。

兄长复归了皇位，李旦以为，他以后的人生应该可以较为无争地度过了，什么争斗，什么皇位，再也与他无关了。可是朝中的政治风云变幻又怎是他一介书生能够预料得到的？景龙四年（公元710年）六月，身为皇帝的唐中宗李显被韦氏及其女儿安乐公主毒害，中宗遗诏是由韦后临朝称制，由李旦进行辅政。但是，在韦氏的眼里，曾经做过皇帝的李旦辅政对她来说根本就是极大的威胁，即便李旦未曾与她有过任何争斗，反而是一味地谦让，她依旧不善罢甘休。

如此不得人心的行径自然没有让韦后依心愿临朝称制，更而激起了李氏皇族的愤愤不平。李旦之妹太平公主与其子李隆基顺势将韦后杀死，并期望李旦再次称帝。李旦称帝为众望所归，在所有人的强烈请愿下，他终于不得不接受众人的请求，于公元710年六月二十四日，再次称帝。

人生就是这么富有戏剧性，拼了命想要当皇帝的人最终却落得个身败名裂，甚至连性命都没能保住，可是发自内心不想做皇帝的人却又三番五次地要被推上皇位。李旦的一生已经有过了两次让位，他不想当皇帝，也没有能力当皇帝，于是他让位给了想要当皇帝，也有能力当皇帝的母亲，让位给了心中还有权力欲望的哥哥李显。然而让来让去，皇位最终还是回到了他的手中。

就在李旦二次称帝后的第二个月，他就立三子李隆基为皇太子，并改元景云。延和元年（公元712年）八月二十五日，再次当了两年多皇帝的睿宗李旦第三次禅让皇位，这一次，他把天子之位让给了儿子李隆基，自己则成为太上皇，安享晚年。开元五年（公元717年），李旦驾崩，享年五十五岁。

唐睿宗李旦一生都小心翼翼地向上天祈求着平安，然而他的经历却又是那样地曲折，历史上没有几个皇帝能够与他的经历相提并论。李旦初生下来就被册封为王，曾被辗转封为豫王、冀王、相王等爵位，两次称帝，三次让位，又曾为皇嗣，还差点被李显冠以皇太弟的名号，晚年又当了太上皇。

黑色幽默的是，李旦一生中曾多次改名，先为"旭轮"，后又在"轮"与"旦"之间多次更替，他人生中的逆境几乎都与"轮"相关，而每每当他改名为"旦"时，才可以平安度日。

三让皇位的李旦终于获得了与他的几位皇兄不一样的结局，平安地度过了他的余生，虽然也经历过死亡的威胁，却终因谦让的态度让防备他的人放下了戒心。不仅如此，也许连他自己都未曾想到，他的三次让位成就了中国历史上两位伟大的皇帝，那就是中国历史上唯一的一位女皇帝武则天以及创造了开元盛世的唐玄宗李隆基。

挡我者死

在传统思想观念的长期禁锢下，要想让朝野中的群臣在短时间内改变对帝王制度的看法，其困难程度可想而知。一个女人当政，这在群臣看来就是大逆不道，是专权，是违天之举。

对于此，武则天也有她的苦恼。她有着开放的思想，更有历来皇帝所不曾有的才干，她虽为女人，却强过男人百倍，在政治上，她更是一个旁人无法比及的天才。然而，就是这样一个极富领导力的女人，却因为传统思想的束缚而得不到满朝文武的真心辅佐，让她如何不苦闷！

高宗在世的时候，虽然也有箭靶瞄准她射去，然而都被她温情的丈夫挡了回去。可是现在呢？高宗去世了，她想独揽大权，却又必须抵挡比之前更多、更密集的箭靶，还要用她那双雪亮的眼睛穿透每一个大臣的内心。

在高度警惕中，武则天嗅到了叛乱的火药味，徐敬业就是第一个明着向她发起挑战的人。然而，徐敬业只想着武则天是一个女人，却不承想，她是怎样一个女人。

平定区区一个徐敬业对于武则天来说根本不在话下，双方实力之悬殊，谁输谁赢，任凭谁都能猜得出来。武则天关心的重点当然不是扬州的徐敬业，而是朝野中徐敬业的同党。武则天明白，徐敬业虽是小人物，但他却是名将的后代，再加上他叛乱时打出了匡复李唐的旗号，因此，朝野内定有不少人的心被他牵动着。

果不其然，监察御史薛仲璋就曾主动请缨要求到江都，而在徐敬业叛乱之际，他便成了与之通气的朝野内线。那么，沿着薛仲璋这条线，又有谁会进入武则天的法眼之中呢？薛仲璋在朝中有一个舅父，名裴炎，裴炎是谁？当朝宰相！想到这里，武则天禁不住打了一个寒战。

身为宰相，掌握有对监察御史的控制权力，薛仲璋既然为江都监察御史，又是裴炎的外甥，他的动向与意图难道裴炎真的不知道吗？然而，眼前的这位老大人却一副泰然自若的样子，看上去对此事一无所知。可是，他外表越是平静，武则天就断定他的内心越是藏着阴谋。

说起来裴炎也曾是武则天信任重用的一个大臣，他是山西闻喜人，出身名门，从小受到了良好的文化熏陶，精通文史，尤其喜爱钻研《左氏春秋》。裴炎也曾考取功名，当过监察御史，做过史官，可终究都是些不知名的小官职。直到武则天掌管朝政后，裴炎的才干才真正地得以发挥出来。唐高宗去世后，武则天更是提拔他为首辅宰相。

且不论裴炎内心里对李唐到底是忠是逆，单是武则天垂帘听政的那段时日里，裴炎确实是忠心耿耿地为大唐效着力。裴炎见唐中宗李显不成大器，便支持武则天将其废黜，并立唐睿宗李旦为皇帝。

到这件事时，大唐政事的发展还在裴炎能够接受的范围之内，他也没有理由不倾力奉献。

然而，让裴炎失望和挣扎的是，唐睿宗居然被武则天放到别宫享受清闲去了，而真正独揽朝政大权的居然是这个女人。裴炎恍然大悟，脑中时不时浮现吕后专权的历史，他极力规劝武则天将朝政大权归还给李唐，武则天大为不悦。

经过了几次劝阻，武则天非但不听从裴炎之劝，反而更依着自己的想法行事，还追封武士彟为王、立武氏七庙。此时的裴炎已经明白，武则天是要当皇帝了。想通了这一点，裴炎心中不免害怕。若是裴炎本人有专权之心，那么他就深知，此时的武则天就是他最强劲的对手。若是他没有皇帝之梦，他也明白，李唐的江山将断送在武则天手中。此外，他还担忧着此前的规劝会不会招来武则天的报复。

明了了一切之后，又有了徐敬业的叛乱，聪明的裴炎在一旁静观其变。可是，这个世界上就有比裴炎更聪明的人，她还是一个女人。武则天通过裴炎近来的表现，又经过徐敬业叛乱的惊扰，对她曾经委以重任的宰相也开始暗地里审查。

武则天想拿徐敬业叛乱一事来测试朝中大臣的真心，裴炎装聋作哑的态度引起了她的注意。身为一国宰相，出了叛乱之事，本应献策献计平定叛乱，然而裴炎却对叛乱一事只字不提。武则天当面问及他对于此事的看法，裴炎竟然大胆地触及自从中宗因为一句戏言而被废掉之后就再也没有人有胆量触及武则天的痛脚："皇帝年长，不亲政事，故竖子得以为辞。若太后返政，则不讨自平矣。"这种话即便是在平常时期也绝对没有人敢提出来，裴炎竟敢在自己正因为外甥叛乱而被武则天怀疑的敏感时期提出来，真是堪称"找死"二字了。

此时的武则天已经不需要自己出面来铲除异己了，自然有识时务的大臣自愿出面为她扫除那些不识时务之人，于是监察御史崔詧在朝堂上弹劾裴炎："炎受顾托，大权在己，若无异图，何故请太后归政？"于是武则天就很公事公办地以有勾结叛乱者嫌疑的名义将裴炎下狱，还派酷吏鱼承晔来审讯。

然而此时大臣们纷纷进言，证明裴炎并无反意，有的说："炎，社稷元臣，有功于国，悉心奉上，天下所知，臣敢明其不反。"有的说"若裴炎为反，则臣等亦反也。"然而此时武则天又岂能容忍百官的忤逆？很快就将力主裴炎不反的大臣刘景先、胡元范等下狱，而将力证裴炎必反的骞味道、李景谌升官。

光宅元年（公元684年）十月丙申，宰相裴炎被斩于都亭。曾经为裴炎说情的那些朝臣，一一被贬、被流放。对于其中一些朝臣，武则天是不想如此对待的，因为他们确实非常有才干。然而，这些才干之士对李唐忠心耿耿，却不愿为她这样一个女人效力，她不得不采用如此手段警告他人。

对于裴炎想要谋反一事，也有野史记录。相传徐敬业谋反之际，骆宾王曾写过一首歌谣："一片火，二片火，非衣小儿当殿坐。"其中意思并不难解，两个火加上一起就是炎，非衣相叠又为裴，说的就是裴炎要当皇帝了。

又有史书记载说，裴炎曾给扬州的徐敬业去过一封信，信中只写了"青鹅"二字，被武则天看到后便得出"十二月，我自与"之意。也就是说，裴炎与徐敬业密谋于十二月起兵谋反。据《新唐书·裴炎传》中所说，裴炎曾经在武则天游龙门之时想要将其劫持，目的是逼迫武则天将政权交还李唐。但是因那天天降阴雨，武则天便没有去龙门，致使裴炎的计划落了空。

当然，这些记载都无从考证，但无论裴炎真实的心态是怎样的，这些都已经不再重要，因为如果没有扳倒武则天的力量，也就谈不上在史书中留下最精彩的笔墨。

十宫词图册·唐宫　清　冷枚

武后步辇图 唐 张萱

造反，继续造反

武则天临朝称制，正以十足的威慑力强震天下人心，这让李唐的威严置于何处？李唐宗室不满，这是再正常不过的事，武则天深知这一点，于是用安抚的方式对他们一一加官晋爵，为的就是让他们反叛的心平息下来，不要给她的皇帝之路增添障碍。

然而，安抚归安抚，谣言与传言并不会因为武则天的安抚而停止散播。此时的李唐宗室已经一代不如一代，他们没有李氏先人的胆识与魄力，在荣华富贵的侵蚀下，消磨了棱角，更磨灭了意志。

在传言与谣言的包围下，他们又分为两类人：一类人是谣言的散播者，说武则天要将李唐宗室赶尽杀绝，以绝后患，为此，李唐宗室不应再坐以待毙，而是应发动全部力量与武则天的势力相抗衡；另一类人是传言的恐吓对象，他们习惯了吃喝享乐，习惯了王室的养尊处优，害怕这样的生活一去不复返，因此不得已也要加入谋反的队伍。虽然李唐宗室谋反的心态各不相同，然而其最终目的都是一样，为了保护自身的利益。

在那个政治潮流汹涌成旋涡的年代中，即便武则天并无诛杀李唐宗室的想法，可一旦这样的言论传出，身为李唐宗室中的任何一员，都不会对此传言掉以轻心。一个女人要当皇帝，君临天下，她所面临的障碍有多大，这是多数人所清楚的。那么，这个女人要扫清障碍，连自己的亲生骨肉都能杀害，与她毫无血缘关系的李唐宗室又算得了什么？

再从另一个角度分析，武则天临朝称制后对其本家严加管制，却对李唐宗室给予优厚的待遇，其中的玄机又是什么？难道真的是所谓深明大义？对于此，谁都不能、也不敢相信。正是在摸不清武则天内心真实想法和意图的情况下，李唐宗室恐惧极了，然而他们真正恐惧的并不是李氏政权的覆灭所带来的屈辱，而是害怕随着李氏皇朝的灭亡而陷入当前的荣华富贵一去不复返的窘境。如此看来，李唐宗室的谋反也是历史的必然。

此时，李唐宗室的每一个人都意识到了境遇的严苛性，诸王心中的担忧与日俱增，直到黄国公李撰率先将心中的恐惧表现出来，这才一呼百应，一发不可收拾。黄国公李撰以暗示的方式给越王李贞写了这么几句话："内人病渐重，恐须早疗。若至今冬，恐成痼疾。"或许在旁人看来，如此之言语意思直白，然而在深处恐惧之中的李唐宗室眼里，这两句话就意味深长了，因此，他们不费吹灰之力就看懂了黄国公李撰的字条，知道武则天拜洛授图的日子，就是她准备诛杀李唐宗室的时候，于是就在心中达成了默契。

然后李撰又假造了皇帝的玺书："朕被幽禁，王等宜各发兵救我也。"并将其送到琅琊王李冲那里。李冲顺势也假造玺书一封："神皇欲倾李家之社稷，移国祚于武氏。"然后，这两封假造的玺书以很快的速度传至诸王手中，就此，李唐宗室诸王第一次达成了谋反的意图。

然而，李氏诸王在确定谋反的时候却忘记了一件致命的事实：他们忘了盘点自身的实力，也忘了核估武则天的实力。又或者，他们对自身实力太过自信，最终导致了谋反的彻底失败。身为皇族的他们，大概以为单是李氏皇族的身份就足够召集雄厚的兵力了吧。

这群已在荣华富贵中被腐蚀的人，其实早已没有了战斗力，更别提民心所向了，却妄图号召天下人起来冒着断送全族性命的风险为他们卖命。因为对自身能力认识的不清晰而造成大错，历史上有太多的例子可以拿来警示，可是对于养尊处优的李唐宗室来说，他们看不清形势，更看不清历史车轮前行的方向，也造成了这一场荒唐至极的匡复之举。

当然，并非所有的李唐宗室都是无能之人，越王李贞就是个例外。他是唐太宗的第八个儿子，武则天封其为豫州刺史。此人虽然比较有政治才能，可惜是个有才无德之辈，他常常仗着皇族的身份欺压官民百姓，造成了地方上的恶劣影响，也就难有号召力。

事实上，李贞早有谋反之心，只是武则天智高一筹，先封了他官爵，当时又赶上唐高宗丧葬之时，时机不利于谋反，于是作罢。后来徐敬业叛乱，李贞认为徐敬业非李唐宗室之人，定另有他心，所以也没有随之叛乱。而现如今，面临着很可能被诛杀的窘境，李贞再没有任何理由坐以待毙，遂与其子李冲起兵谋反。

在听从了范阳王李霭的建议后，李贞向诸王邀约了起兵的统一时间，以显声势之浩大。然而，让李贞万万没有想到的是，诸王并不像他那样有胆魄，都是一群乌合之众，真正准备要起兵谋反时，居然没了气焰，不是因为害怕而退缩，就是因为没有足够的影响力召集兵力而无所适从。

可是箭在弦上不得不发，身为琅琊王的李冲已经迫不及待地要发兵了，他没有等到李贞与诸王约定的起兵之日，提前就在博州发动了叛乱，可谓有勇无谋，也导致了宗室叛乱的直接失败。试想，在大部队都还没有召集起来的情况下，在其他王室都还未确定起兵的情况下，李冲仅凭着手下的五千余人就敢与武则天的精兵强将相对抗，这是何等的冲动！

对于李冲的率先起兵，诸王还来不及筹措，武则天却得知了叛乱的消息。这就如同一只离开大雁队伍的鸟儿，因为势单力薄而轻易地被猎人拿下。武则天在听到叛乱的消息之后勃然大怒，心想自己给予李唐宗室如此的优待，居然换来了他们的叛乱。于是她迅速派左金吾将军丘神勣率军赶赴讨伐。其实，单从武则天派谁去讨伐叛乱就能看出她要如何处置这群叛党。丘神勣以心狠而著称，可见，武则天此举定要置叛乱之人于死地。

李冲本就势单力薄，更不曾料到在进攻的途中，他的下属竟不愿跟随他加入叛乱，在攻打武水城的时候，武水县令力敌李冲的叛军。李冲本想借着风势用火攻猛进，然而天公却与他开了天大的玩笑，原本冲向城门的南风居然瞬间变成了北风，李冲的队伍被火势围困，落荒而逃。

其中一个叫董玄寂的部下更是秘密宣称这是逆风，预示着李冲的逆反之举没有好下场。李冲听到后大怒，遂将董玄寂杀死。李冲的这一举动是大为不明智的，部下见其在危难之际竟然还随意杀死自己人，纷纷四散而逃，只剩下李冲的数十名家仆还留在他的身边。

李冲见此情状，只好带人逃向博州，到了城门时就被守门的士兵杀死了。这时候，武则天派来平定叛乱的中央军还没有赶到，等到丘神勣赶到之时，叛乱已经结束。丘神勣带兵入城时，城中的官吏全部身穿素服出迎，希望以此来挽救自己和家人的性命，但是丘神勣并没有留情，挥刀将他们全部杀死了，因此而家破人亡的达一千多家。自李冲起兵至叛乱平息，仅仅七天。

李贞在听闻李冲提前发动叛乱之后也在豫州起兵，并且攻下了上蔡，武则天得知后更是加强了平叛的兵力，派左豹韬大将军麴崇裕领兵十万对其进行围剿。李贞虽有才干，可是兵力上的悬殊也注定了他的失败，更何况，此前与他约定共同反叛的诸王都没有起兵的迹象，这更让他绝望。

起初李贞的队伍还有些势头，但是那时候他并不知道自己的儿子已经被杀。当李贞得知此不幸的消息之后，他的斗志被削了一大截，冲动之下甚至想要自己身披枷锁到皇宫去向武则天请罪，以求保全性命。不过此时其下属新蔡县令招募到两千多人加入李贞的军队，于是李贞似乎又有了些许斗志，这才决定打下去，还欺骗部众说："琅琊已破魏、相数州，有兵二十万，朝夕至矣。"

然而，就算李贞召集到了上万的兵力又如何，一群临时的士兵怎能与朝廷的十万正规军相抗衡？而且李贞自己也知道以自己的实力举兵叛乱无异以卵击石，只好找来一些和尚道士诵经祈求叛乱成功，还让自己身边的人和士兵们都带上辟兵符。当武则天的大部队赶到之时，李贞的部下通通乱了阵脚，李贞本人也吓得不知所措，他的随从劝他说："王岂可坐待戮辱！"李贞这个家伙即便是死也要拉几个垫背的，于是与他的妻子、儿子们一起自尽。李贞的叛乱也仅仅维持了十七天就惨败收场了。

武则天对于这群不识抬举的李唐宗室深恶痛绝，她知道背后还有诸王曾经一同串联，于是在事后就派了苏珦对他们进行审讯。然而，苏珦是仁厚之人，根本下不了狠心逼死这群王公贵族，武则天后来又换了冷血残虐的酷吏周兴来审查此案。谁都知道周兴的手段之毒辣，更何况这是一群在蜜罐中成长起来的皇族。在狠毒的周兴面前，他们不打自招，对自身曾参与谋反的罪行供认不讳。事后，武则天将谋反宗室的李氏之姓剥夺，并改为虺姓，意为毒蛇。

最早的"邮政信箱"

武则天自从平定了徐敬业叛乱之后,就对宗室、大臣多有疑虑,再一想到自己以一个女人的身份专政多年,生怕底下的人因为心中不服而再有谋反之举,于是就准备大开杀戒,以示权威,为自己正式称帝扫除一切障碍。

要想让天下人对一个女人信服,这的确不是件容易的事,但是武则天有自己的办法。她想到了当年自己将王皇后拉下台的方法,于是决定也用同样的方式建立自己的权威。俗话说"得民心者得天下",武则天此次得天下的渠道就从民心开始,她决定在全国范围内建立起一个密集广大的舆论网络,鼓励百姓直言。

武则天的政策直接导致了铜匦制度的流行,当然,所谓铜匦,并不是武则天发明的,而是早已有之。《唐语林》记载:"汉时赵广汉为颍川太守,设缿筒,言事者投书其中,匦亦缿筒之流也。梁武帝诏于谤木、肺石旁各置一函,横议者投谤木函,求达者投肺石函,即今之匦也。"可见,铜匦自古已有,只不过以前通过铜匦上书朝廷的规模比较小,所以影响也不大。到了武则天时期,才把铜匦制度大规模地运用起来，这才让后人对此制度的诞生年代有了误解，以为是武则天的发明。

垂拱二年（公元686年）三月，匦检制度正式出台，在这之前，一个叫鱼保宗的人向武则天提出设立铜匦的建议，而铜匦也正是出自此人的设计。有《资治通鉴》记载："其器共为一室，中有四隔，上各有窍，以受表疏，可入不可出。"根据鱼保宗的设计，铜匦共分为四格，分别代表着东南西北四个方向。每个方向都涂有不同的颜色，暗含其意义和功能的相异。一旦将所言之事投入铜匦之中，便再也不可拿出，有点类似于今日的邮政信箱。

铜匦第一格为延恩匦，用青色染饰，表示春季之勃勃生机，为"求进仕者投之"，功能在于让有才华的人将自己的文章投入其中，以入仕途。

铜匦第二格为招谏匦，用红色染饰，表示夏季的火热与诚挚，为"言朝政得失者投之"，功能在于让人们把自己对朝廷的谏言投入其中，以达天下之文明。

铜匦第三格为申冤匦，用白色染饰，表示秋季的平和与公允，为"有冤抑者投之"，专门为申冤者设立，以明察秋毫，洗刷冤屈。

铜匦第四格为通玄匦，用黑色染饰，表示冬季的冷静与足智多谋，为"言天象灾变及军机秘计者投之"，功能在于广开言路，让四方百姓为朝廷的统治各尽其力。不同铜匦颜色的选配还借鉴了阴阳五行的学说，以达到天地之和谐的最终目的。

武则天还专门分派了匦使以监督和保证铜匦制度的正常运作，分别有知匦使和理匦使两种官员。其中，知匦使由谏议系统的官员担任，而理匦使则由监察系统的官员担任。所谓知匦使，也就是负责收集每日放入铜匦中的上书,到了傍晚再将这些上书交由理匦使。所谓理匦使,也就是专门负责审查和受理上书的官员。

无论如何,武则天启动铜匦制度的初衷是好的,为了稳定政权,更为了国富民强。而铜匦实际功能也并不局限于告密箱,或者应该称之为意见箱才更为确切。然而让人意想不到的是,在铜匦制度正式运营后不久,就有一封诉状投入了匦格中,而被状告的人正是铜匦的设计者鱼保宗,诉状中称他曾为徐敬业制作兵器,致使朝廷官军伤死惨重。为了让铜匦制度达到预想的震慑效果,武则天毫不留情地对鱼保宗进行了惩治,就连他的父亲也没有逃过此劫。天下人眼睁睁地看着这件事的发生,对铜匦的威力与公正渐渐开始相信。

鱼保宗事件也直接导致了告密风气的盛行。尽管铜匦由四种颜色组成,代表着武后和朝廷的仁慈、公允与诚挚,然而,却终被黑色通玄匦的魅力大大遮掩,武则天美好的初衷也因为黑色匦格的盛行被大打折扣。从此,铜匦成了告密的象征。

此外,吸引全国各地告密者不远万里来到朝廷的原因还有其他,优厚的旅途待遇也是其中一种。根据武则天的命令,告密者一律直接会见太后,而任何官员都不得在中途过问告密事件。告密者一路上都享受五品官的待遇,有驿站可以住宿,有丰厚的菜肴可以享用:"每日细米二升,面二升三合,酒一升半,羊肉三分,瓜两颗,盐、豉、葱、姜、葵、韭之属各有差。"若是告密者所状告的事件被武则天接纳,那么这位告密人就可升官发财,相反,若告密之事为无中生有,一旦被查出,告密者将受到被告人将要受到的严峻惩罚。

告密所能获得的荣华富贵已经为世人所看见，武后亲切和蔼的接待态度也深深地激发着一批又一批告密者的热情。哪怕告密的事件不是那么让武则天欣慰，告密者还是会得到相当的礼遇，拿到适当的奖赏。物质的诱惑让整个中国的百姓都跃跃欲试，像是着了魔一般，跨越千山万水，只为博得太后的认可，从此富贵不愁。

自告密之风大为盛行以来，武则天凭着极大的兴趣和耐心接待了全国大地上万人的告密。当朝廷里的官员都为此事皱眉的时候，六十余岁的武则天却兴致勃勃地接待着一个又一个的平民百姓。武则天相信，哪怕一万人的告密者中有九千九百九十九个愚人，也定有一个是智者，她也坚信能通过这样的方式觅到让自己满意的心腹之人。

在听取了许许多多的告密事件之后，武则天也终于见到了第一个让她欣慰的告密者，他就是日后大名鼎鼎的索元礼。索元礼要状告的是已经被处置的徐敬业，这虽然不是什么新鲜事，然而在武则天看来，索元礼要求重刑惩治以示威信的做法却正中了她的心事。武则天不但给索元礼封了五品的官员，还把审讯被告者的大权交给了他，而索元礼的表现也让武则天大为满意。

武则天认为，索元礼是胡人，没有受过儒家思想的熏陶，其内心的野性也就更大，做起事来不会瞻前顾后，手段也更为强硬，是真正能为自己效力之人。索元礼的审讯手段也是花样百出，他心狠手辣，敢于用刑，被告人到最后往往屈打成招，他自己也大为得意。

旁人眼中的荒唐之事，却深深地迎合了武则天的心理，这还体现在她对侯思止的安排上。论学识，侯思止全然就是一个文盲，这与还受过一点教育的索元礼差远了。然而，侯思止却凭借着"大字不识一个"的特点赢得了武则天的心,侯思止请求武则天任命他为御史,武则天也不因为他不识字就拒绝他,只是饶有兴味地问他:"卿不识字,岂堪御史?"侯思止毫不脸红,从容答道:"獬豸何尝识字?但能触邪耳!"獬豸是传说中的一种上古神兽,额上长着锋利的角,能够辨别忠奸然后用角将奸恶之人触倒甚至抵死。

此话一出,便不得了。武则天的本意即是威震天下,宁肯在错杀中实现这一目的,在她看来,凡是对她的作为有异议的人都应该被处决,哪管这异议是对还是错?她想要的,就是一个"服"字。于是侯思止如愿以偿地被封为朝散大夫、侍御史,也为后来的告密名人树立了榜样。后来居上的周兴,便以专事酷刑而出名,落到他手里的被告人往往只听到他描述的种种刑法之后,就已经招供了。

当然,在这一段告密风气中声名大噪的还有那个将逼供诬告的策略编辑成书的来俊臣。来俊臣本是囚犯,然而他却大胆地要求面见太后,而这一见就一发不可收拾。来俊臣面目英俊,武则天见后大为赞叹,不仅免除了他的死刑,还给了他侍御史的官爵。而来俊臣也没有辜负武则天的期望,他把酷吏滥刑真正地发挥到了淋漓尽致的地步,让人瞠目结舌。他的那本《罗织经》就是众多告密者钻研的宝典,而他本人也成了武则天的宠信之人。

从武则天自始至终对告密之风大为赞赏的态度上来看,她并非真正地要做到广开言路,以示天下公允,而在于诛灭反对者之口,以杀虐之手段震慑天下人之心,让天下人不敢对其有异议,以达到名正言顺地走上皇位的目的。事实上,她做到了,从朝廷官员到民间百姓,从此都对这位女性赞叹和恭维,说她的皇位是上天的旨意。

对此,没有人再说一个"不"字,相反,武则天被从上到下冠以了"神"的名义。"发我铭者小人，读我铭者圣君。……三六年少唱唐唐，次第还唱武媚娘。"虽为民谣，却也证明武则天"得了民心"，朝廷官员、李唐宗室即便心中仍有疑虑与不满，又能如何？只得顺应形势，屈服于历史上这个独一无二的女人。

　　武则天的铜匦制度虽然将大批无辜的人打入了冤狱，然而铜匦制度本身还是有其意义所在。在武则天以后的时代中，铜匦也曾发掘了许多真正的有识之士，其中就有大诗人杜甫。在唐玄宗统治时期，杜甫就曾以《三大礼赋》受到了皇帝的青睐，而他投递诗赋的渠道正是铜匦。杜甫也曾作诗赞赏武则天的铜匦制度，曰："惟昔武皇后，临轩御乾坤。多士尽儒冠，墨客蔼云屯。"

酷吏的用途

其实酷吏政策并非武则天的首创，酷吏在中国历史上，可谓源远流长。当年司马迁写《史记》，就专门为他们作了一卷《酷吏列传》，收录了当时最有名的十个酷吏。在此后的历史中，酷吏一直绵延不绝。《汉书》《后汉书》《魏书》《北齐书》《隋书》等正史中都列有《酷吏传》。可见，酷吏有他存在的道理。尽管他们残暴，影响恶劣，但在政治斗争中是必不可少的。

"武则天诛杀的范围虽然比较宽泛，但主要的对象是关陇军事贵族。关陇集团经过她的严重打击，在政治上就不起很大作用了。这样一看，武则天使用酷吏的目的很明确，完全是为了打击政敌，巩固政权。"在当时重视门阀的社会里，出身大木材商家庭的武则天属于出身寒微的庶族。在后宫中，妃嫔们依仗着门第的高贵，皇帝的宠爱，一个个盛气凌人，横行霸道。严酷的生活养成了武则天刚烈的性格，驯马的故事是她具有铁血暴力的思想和权威人格特征的最好例证。武则天身上具有二重身份，一重扮演贤妻、良母、圣君，另一重则扮演悍妻、恶母、暴君。

武则天的确是个政治家，在她手中，权力得到了正面的运用，就像蒙曼说的："在历史贡献问题上，武则天促进了社会结构的转型，由贵族社会向平民社会转型。"

事实也证明了这一点。武则天按照驯兽的方法，成功地完成了由李唐到武周的过渡。在这一过程中，充满着暴力与血腥。武则天统治时期曾出现过一些著名的酷吏，因而人们在评价武则天时往往把她与酷吏联系起来：有人说武则天实行"酷吏政治"；有人则把酷吏作为武则天"残暴"的根据。

仔细分析一下，武则天使用酷吏与汉武帝还是有一定区别的。用司马迁自己的话说，汉武帝起用的酷吏名为酷吏，主要都是治恶的，并不是滥杀无辜之人，只是手段太过残酷，不可提倡。那些未列入《酷吏传》的恶吏，才是真正意义上的酷吏。而武则天统治时期的酷吏确实杀害了不少良相权臣，但要特别提出的是她并不是像商纣王那样残暴成性的暴君，而是在改朝换代前后重用酷吏。

一个女人当家难，一个女人管一个国家更难。武则天知道在自己背后，有许多双眼睛盯着自己的这个位子。为了把那些想要谋反的人揪出来，武则天也有自己的招数，那就是大开告密之风。她让全国上下的人都开始告密，无论是当官的还是普通的老百姓，只要告密有功的，都给予重赏。当然，告密也得要讲原则，如果发现是凭空诬告，那就是死罪一条。此外，武则天还有一个规定，那就是告密的人必须亲自来跟她汇报，中间不能有中转站。

发布了这条命令以后，全国上下一片悸动，因为告密能升官发财，大家都跃跃欲试。但是，有人举报他人谋反，那就需要有人来审问被举报的人，武则天让一个叫索元礼的人负责这项工作。索元礼的审案方式可谓惨无人道，只要是嫌疑人，他不经调查过问就先用酷刑将对方震慑，被审问的人往往经不住肉体的折磨，就算是被诬告，最终也还是招供。如此一来，冤假错案层出不穷。

可是武则天并不这么认为，相反，她倒认为索元礼是个能办事的人，也因此给予了他重赏。酷刑破案若能赢来如此多的奖赏，又有谁能不蠢蠢欲动？无论是索元礼，还是后来的周兴与来俊臣，他们的酷刑手段都残忍到常人不可想象的地步。虽然也有大臣奉劝武则天，说这样下去国家会不得了，可是武则天却根本不听，任凭告密的风气横行了下去。

有一次，告密的人居然把周兴供了出来，武则天对此很是不悦，于是就让来俊臣负责审问周兴。相传当来俊臣接到武则天命令的时候正在家里与周兴共饮，刚开始他也吃了一惊，不过仍旧装作什么事都没发生的样子，还假惺惺地向周兴请教："最近遇到一批图谋不轨的人，可是逼供又问不出所以然，不知周兄有何高招？"

周兴听闻武则天的宠臣来俊臣居然也有向他请教的时候，很是得意，于是就说："这有什么难办的，只要准备一只大瓮，然后生一堆旺火，把瓮放在火上，再把人丢进瓮中，你倒是看他招不招！"来俊臣听后大赞其招高妙，并且命人按照周兴的说法准备好了刑具，然后对周兴说："听闻周兄与丘神绩对朝廷有所不轨，武后派我查一查，既然是周兄自己想出来的办法，那么还请周兄进去吧。"

周兴大惊失色，他十分清楚来俊臣的狠毒，于是老老实实地招了供，后被流放，却在途中被仇家杀害。这就是著名的请君入瓮。

胡戟在《武则天本传》全数考察了酷吏横行时所办的几十个案件，区分为登基前后。登基前滥刑指向怨望不服的李唐宗室和大臣，特点是打击面大而且刑法严酷,特别是对宗室王公有斩尽杀绝之势。对大臣的打击使朝臣中不能形成一个反武的轴心。她登基后,打击对象集中于文武官员,但是处罚不像以前那么重,而且武则天自己结束了滥刑。

可以算一下,武则天的政治生涯是很长的。若从显庆五年(公元660年)十月参与朝政算起,到神龙元年(公元705年)正月退位,前后将近半个世纪。若从文明元年(公元684年)临朝称制算起,其独自控制最高权力的时间长达二十一年。即使从天授元年(公元690年)改唐为周算起,当皇帝的时间也有十五年。如果把武则天的统治时期划分为辅政、临朝、称帝三个阶段,具体考察一下各个阶段的历史,就可以清楚地看出,武则天只是在改朝换代前后的特殊情况下才重用酷吏的,酷吏存在的时间是相对较短的。

史书上记载,武则天主张"以道德化天下",她曾建议"王公以降皆习《老子》",反对酷刑与苛政。但政治是冰冷而残酷的,当她的统治权威受到威胁的时候,她还是选择了用酷吏诛杀异己,摆脱危机。当她的统治稳固后,她又要以循吏治天下,适时地抛弃酷吏来更好地维护其统治。

武则天一直把军政大权牢牢地控制在自己手中。协助她处理朝政的主要人物不是酷吏,不是外戚,也不是男宠,而是一大批具有真才实学的贤才。她临朝称帝的二十一年间,事事躬亲,"宵衣伫旦,望调东户之风;旰食忘眠,希缉南薰之化",她的勤政和知人善用使得她的统治坚如磐石。

史学家司马光在《资治通鉴》中说:"太后虽滥以禄位收天下人心,然不称职者,寻亦黜之,或加刑诛。挟刑赏之柄以驾御天下,政由己出，明察善断，故当时英贤亦竞为之用。"这段话就是对当时政治状况的真实写照。

酷吏政治既是武则天改朝换代的必要手段，也是必需的步骤。从武则天不出宫门、不用金戈便顺利建立自己的大周王朝这一结果来看，这种政治手段无疑是成功的。

等到武周政权基本上巩固了，武则天的酷吏政策也适可而止了。酷吏们就像是武则天手中的敲门砖，巩固政权的大门一开，敲门砖的使命即宣告基本结束。结果周革唐命的第二年，她就杀了索元礼和周兴，此后对渐有尾大不掉之势的来俊臣也加以控制，并一度贬黜。由此也就意味着她的酷吏政策的收敛。

此时，武则天的首要任务就是治国安邦，大展宏图，实现她的伟大抱负和人生理想了。酷吏是柄双刃剑，在为保护政权诛杀异己的同时，也杀掉了人才。国家正在用人之际，广揽天下英才才是重中之重。

正所谓"他山之石，可以攻玉"，武则天充分利用了前朝的贤才以及来自各方的力量，精心打磨"武周"这块社稷之石。她先看看自己身边的人，掂量着到底谁是可塑之才。曾经甘为自己赤膊上阵的侄儿们，一个个都在做着太子梦，国家靠他们怎能强盛得起来？一次武承嗣在武则天面前谗毁李昭德，她做了这样的回答："吾任昭德，始得安眠，此代吾劳，汝勿言也。"从此，武则天对武氏家族的倚重就不那么一意孤行了。

想要威望就得建明堂

在中国历代帝王中，武则天对日月与光明的崇尚是空前的，这一点，单从她自创的日月当空的"曌"字中就能知晓几分。此外，从她几个子女的名字当中，也能看出武则天对光明的渴望：相传"弘"是太上老君下凡人间时所用之名，"显"则有露出之意，"旦"的意思是初升的太阳，而据传太平公主的本名为李令月，也有日月光华之意。可见，对于日月光明，武则天有着非凡向往，这也就直接导致了她对设立明堂的极大兴趣。

世界古老文明都有对太阳的崇拜，华夏文明的源头自然也不例外。早在石器时代，太阳就已成为部落首领所祭拜的对象，而身为华夏文明的始祖，轩辕黄帝自然也就成为了最初建造明堂的人。经过岁月的演变与朝代的变迁，明堂的寓意也更加清晰明确，从最初对太阳的崇拜逐渐成为天人沟通的象征，而与上天沟通的人就是天子。

也就是说，在人类与宇宙的沟通中，天子成为了一个中间人，是人神交流的媒介。这也就大大提高了天子的地位，因为一个朝代只有一个人能够与上天做出感应，能够把平民百姓的愿望告知上天。而天子也因得到了上天的准许，能够以最大的权威，名正言顺地统治天下。

如此，明堂在历史的涤荡中已经有了特殊的意义，它是至高无上的象征。也正因为这个至关重要的寓意，各朝各代的君主都有修建明堂的愿望。而事实上，明堂的修建需要耗费大量的人力与物力，如果没有足够强大的经济后盾，修建明堂就是劳民伤财之举，甚至会致使黎民的困苦与国家的动乱。再加上明堂的修建需要遵循一系列烦琐的儒家思想的细节，力争完美，历史上真正能够将修建明堂的愿望变成现实的君主少之甚少。除了汉武帝、王莽、光武帝以外，就连唐太宗这样的盛世豪杰在有生之年也没有完成修建明堂的伟大心愿。

然而，这样一项伟业却在武则天的手中真正地实现了。这倒不是因为武则天就有着比其他皇帝更高的智慧，而在于她敢于标新立异的胆魄。唐高宗的一生都在为明堂的设计而不停地听从儒家学者的意见修修改改，直至临终也没能够开始动工修建。武则天看在眼里，心中早已有了自己的主意。她所要修建的明堂无须遵从儒家的繁文缛节，更不与谁商量修改，而是凭着自己的意愿大胆地进行创造，在短短的一年之内就建成了一个历史上绝无仅有的明堂。

按照古书的记载，明堂所建的位置应该在京城南郊的三里之外和七里之内，然而武则天却将明堂建在了洛阳皇宫的正中心，还因此拆了此前位于正中心的乾元殿，那可是唐高宗修建起来用来听政的宫殿。

武则天对各类宗教的包容态度也是众所周知的，就连极富异域色彩的摩尼教她也不加抵制。对佛教的大为推崇，对道教的不加限制，都体现在她所修建的明堂中，武则天以一种兼容并蓄的方式展现着她对宗教的兴趣。虽然明堂也融合了儒释道等多元文化，可是对宗教的推崇还是让儒生们对这座明堂大为不满。

更让他们气愤的是，儒家原本主张明堂应该修建从简，而武则天所修建的明堂却极尽奢华。在雕饰上，甚至用一只极高的凤凰压在了九条黄龙之上，可见其用意极为明显。武则天也许正是要通过如此逆反的举动来观察其他人的反应，通过威震的方式警告所有存有逆反之心的人，并且用时间来消磨他们的意志，让他们从不接受渐渐地沦为不得不接受她这位空前绝后的女皇帝。

武则天所修建的明堂之所以震慑人心，还在于它的高度。据相关史书的记载，明堂共有三层，将近三百尺高，几乎接近九十米的高度，令今人都无法想象，更何况是在那个相对落后的古代，能够修建如此气魄的建筑实为非凡之举。后来武则天还在明堂的北面修建起另一座高层建筑，专门用来供奉佛像，称为"天堂"。可惜这座惊世之建筑却终因焚毁和拆建而从世人的眼中消失，留下的也只有史料中寥寥数笔的描述。

明堂的建成让武则天向着她的帝王之路一步步地迈进，此前，她笼络裴炎废掉中宗、软禁睿宗，最终临朝称制，俯视天下。当然，临朝称制离武则天想要的还差一些，毕竟，她还没有名正言顺地统治整个国家。平定叛乱，大开告密之风，直至明堂的建成，武则天的意图已经明明白白地在世人的眼中展现了出来。武则天已经将一切障碍清扫干净，任人心中有多大的愤恨与不满，也无力再与她做任何的对抗。

至此，武则天距离正式登基只差一个"天意"。这时候，她的侄子武承嗣站了出来。垂拱四年（公元688年）四月，武承嗣命人在一块白色的石头上刻上了八个大字，并用紫色药物填充其中，由于石头本身的古朴，再加上字体雕刻之富古韵，整个石头看上去根本不像人世间所有，而更像是上天所降落下来的宝物。

当武承嗣将这块石头呈献给武则天后，上面所刻"圣母临人，永昌帝业"八个大字让武后心花怒放。武承嗣说，这是有人从洛水中打捞上来的。中国自古就有"河出图，洛出书，圣人则之"的说法，只有在国家富强，民族昌盛，各方面皆顺利的时候才会出现如此的圣景。如今，武承嗣拿着这样一块"奇石"呈献给了武则天，正促成了她成就帝业的最后一个关键。

白石因于洛水收获，所以武则天称之为宝图。垂拱四年（公元688年）十二月二十五日对于武则天来说是个非同寻常的日子，就在这一天，她亲临洛水拜祭这块"从天而降"的白石，以示对天意的敬重，并将洛水改名为永昌洛水。然而，李唐宗室的谋反坏了武则天的大好心情，她不得不暂时将拜祭宝图之事放下，来平定这一场让她震怒的叛乱。好在平定这样的叛乱对于拥有帝王实力的武则天来说简直轻而易举，内乱过后，她也更为正式地进行了一场拜祭大典。

这场拜祭大典犹如武则天正式登基前的彩排仪式。垂拱五年（公元689年）元旦，她穿上了皇帝的全套服装，依次祭拜了昊天上帝、唐高祖、唐太宗和唐高宗。然而，让众人哗然的是，武则天在祭拜了大唐的先祖之后，紧接着就祭拜了其父系的魏国先王，而对五方帝座的拜祭竟在其后。然而，又有谁人敢多言一句？

仅仅过了三天，武则天又为庆贺明堂的落成而再度身着帝王之衣亲临明堂万象神宫，接受了群臣的朝贺。"归来见天子，天子坐明堂"，而眼前的这位天子却是一位史无前例的女皇帝，不知在场的群臣做何感想，或感伤，或无奈，但这一切都已不再重要，因为再也没人能阻挡武则天称帝的路途。就连当年力劝武则天取消酷吏制度的陈子昂都向她呈献了赞赏之赋："陛下恭承天命，因顺子来，建立明堂，式尊显号，成之匪日，功若有神，万国咸欢，百灵同庆。"

正如林语堂在《武则天正传》中所讲："武则天这个女人活了八十二岁，权倾中国达半个世纪之久。生活对她而言就如同游戏一样，她有比普通人更强烈的欲望，以至于秽闻不断；争权夺势的游戏，她玩得津津有味，她玩出的不像是一般妇人统治下的正常历史，更像一出梦呓般异想天开的荒唐戏。她决心要做一个有史以来最有威权最伟大的女人。"

第三章
一代女皇，日月当曌

女皇不是梦

到公元684年,李唐王朝的天下几乎都掌握在了武则天手中。唐高宗李治已经于前一年驾崩,继位的唐中宗李显仅当了不到两个月的皇帝就被武则天借故赶下了台,流放到千里之外的湖北软禁起来,新扶上台的唐睿宗李旦目睹哥哥们的下场,哪里还敢对武则天稍有违逆之意,只是唯唯诺诺,忠实地扮演一个政治傀儡的角色。

在朝堂之上,反对武则天的关陇贵族集团在武则天的强力打压之下,早就屈服于太后的威权。至于处在江湖之远的百姓们,更只有对太后感恩戴德的份儿。武则天已经站在了整个帝国的顶点,所欠缺的也只有那一顶象征意义远大于实际意义的天子冠冕。

当然,有能力登上皇位是一回事,但登上皇位这一事实本身的正当性和合法性却又是另一回事儿。中国历史上,不乏凭借暴力手段夺取政权,但却昙花一现的短命王朝。究其原因,没有解决好与前一代王朝之间的关系,导致缺乏认同是一个很重要的因素。

作为一个在政治修罗场上纵横驰骋拼杀突击四十余年的政治家,武则天对这一点自然心知肚明。但是,她作为一个女性,想要登上皇位的行为原本就不见容于正统的儒家政治理论。因此，按照传统的方式来博得万民的景仰和舆论的支持并不一定合适。武则天为了皇位的合法性和正当性，可谓绞尽脑汁，煞费苦心。

营造舆论的第一步是要抬高武氏家族的地位。这是武则天自开始参与政治以来就一直孜孜不倦进行的事业。唐代虽然不像六朝那样以门第出身为做官的唯一标准，但士族的势力仍然强大，有一个声势显赫的家族仍然是值得骄傲的资本。武士彟虽然是唐代的开国功臣，但毕竟只是木材商人出身，位于四民之末。

有鉴于此，武则天一再给亲族追封爵位。就在光宅元年（公元684年），武则天大权在握之后，她立刻追尊武士彟为周忠孝太皇，母亲杨氏为忠孝太后，又追封祖上四代为王，这一切都是按照皇帝的礼制来完成的。不仅如此，她还将父母的坟墓按照帝王的规格升级为陵，建造宗庙，并设置专门的官吏管理武氏宗庙的四时祭祀。

为了让天下人逐渐接受武氏的皇族地位和女性帝王的合法性，武则天又颁布诏令，要求在祭天时不仅要以唐代诸帝配祭，在祭地时还要以窦皇后和长孙皇后配祭，当然，在祭祀时也必须留出忠孝太皇和忠孝太后的一席之地。如此一来，武氏家族被抬到了和李唐皇族并驾齐驱的地位。

从武后给父亲的封号中可以看出，她其实早就暗暗定好了新的国号"周"，这个周的含义极其深远，它并不是武则天灵机一动想到的，而是可以一直追溯到三代时的文武之道。这体现出了武则天的政治理想，她绝对不是要简单地完成两个王朝的更替，而是要雄心勃勃地将这个帝国建立成足以比拟传说中的王道乐土。

为了让普天之下的百姓都能理解"周"的意义，感受到"周"

的存在，武则天想了很多办法。最为彻底的当属重新更改历法。历法标志着日月星辰的运行规律，是宇宙观和世界观的直接表达。历朝历代无不以历法的颁布和施行为最重要之事。自汉武帝实行太初历，虽然历法屡有更迭，但无一不以正月初一为一年的开始。

而到永昌元年（公元689年）十一月初一，武则天忽然下令废除现有历法，改用古老的周历，而周历与其他历法最大的不同之处，就在于以十一月初一为元旦。也就是说，所有的日期都要往前推两个月。于是这一天便成了载初元年的正月初一。无疑，这么一来，所有人的生活都会受到影响，可是唯其如此，周历以及其背后的"周"的概念才会牢牢被人们记在心中，替代李唐成为正统性的符号。

人们还没有从更改历法的混乱中清醒过来，武则天的另一道敕令又颁布了。她命令她的外甥宗秦客——此人的弟弟宗楚客是李白第二个媳妇儿的爷爷——制定了十七个新的文字（一说为二十一个），并要求在全国推广，强制使用，在所有的书籍文字中都准确无误地使用新字。

这十七个文字被后世称为"则天文字"。虽然字数并不多，但由于都是类似于"天""地""人""国""日""月""星"之类的常用字，因此还是给人们的生活带来了颇多不便。就在人们不得不重新更改从小养成的认知，蹩脚地使用这些新字的过程中，武则天的威严和权势也如同春雨，润物细无声地进入了人们的脑海。

虽然如此，但则天文字的使用年限并不长久。它们随着武则天的退位而逐渐消失在历史的尘埃中，只有寥寥几个还在流传。在日本，"国"字改的"圀"字由于水户黄门德川光圀而为世人所知；而在中国，人们更多记住的是"曌"，这个意义为日月当空的字，因为女皇将其作为自己的名字而被一代代的中国人反复提起。只要提到武则天，就不能不涉及到这个字；而提起这个字，人们想到的也只能是武则天，这个霸气外露舍我其谁的字，就这样和武周一朝的历史绑在了一起。

不仅是武则天自己在努力制造舆论，早已看穿武则天心思的一干投机客们也八仙过海，各显神通。如果说武则天的种种举动解决了其登上皇位的正当性问题，那么薛怀义、武承嗣等人则解决了合法性的难题。按照儒家的政治学说，女性参与政治事务乃是"牝鸡司晨"，因此必须另辟蹊径，从其他学说中寻找理论。

最先行动起来的人是武承嗣。武承嗣一心想要将自己的这位姑妈推上皇位，好有一天自己也能当上太子，尝尝君临天下的滋味。因此在造势方面十分卖力。垂拱四年（公元688年），武承嗣不知从哪里找来一块白色的石头，在上面刻了"圣母临人，永昌帝业"八个字，又用紫石末和其他药物填充其中，显得像天降祥瑞一般。

他派人偷偷把这石头丢进洛河附近的池塘中，过了几天，又打发一个叫唐同泰的雍州人假装无意中发现这块石头，献给朝廷，号称是发现了河图洛书。易经中有所谓"河出图，洛出书，圣人则之"的说法，也就是说上天暗示着武则天是"圣人"，既然是圣人，自然有理由再进一步，做皇帝又有何不可？武则天是否识破了武承嗣的小把戏呢？这无关宏旨。重要的是武则天开心地接受了这块石头并为其命名为"宝图"，后来觉得不过瘾，又加封为"天授圣图"，同时给自己加封号为"圣母神皇"。

侄子如此努力，情夫也不甘落后。薛怀义在纠集了一干大小僧侣搜肠刮肚，寻章摘句之后，居然找到了一本叫作《大云经》的佛经。根据王国维和陈寅恪的考证，这部《大云经》乃是印度僧侣昙无谶于公元 5 世纪初在敦煌译为汉文的，两百多年来一直无人问津，但薛怀义却发现其中大有可资利用之处。

原来，这部经文主要讲的是净光天女两次听经，领会佛法奥义，转生人界，以女身成为国王，最终成佛的事情。这个故事无疑有力地支持了女人也能当皇帝的理论，但是对于一般民众来说，这部经书却过于艰涩难懂。为了让老百姓也能明白经文，薛怀义又组织人力，炮制了一部洋洋洒洒的《大云经疏》，将唐代民间流传的弥勒信仰和《大云经》里的故事结合了起来。

在《大云经疏》中，武则天被塑造成弥勒佛的转生，她的下凡，正是为了以女身登上皇位，最终还将会返回天界，成就正果。如此一来，武则天称帝乃是顺应佛的意志，实在是合理至极。武则天见到此书大喜，立刻命各州修建大云寺，寺内都要藏一部《大云经》。在轰轰烈烈的造神运动中，女主正位的思想深深地烙在了民众的心中。

万事俱备，只欠东风。载初元年（公元 690 年）九月，小小的九品官、侍御史傅游艺率先串联九百余人上表请求武则天称帝，武则天象征性地拒绝了这个要求，但立刻将傅游艺的官职一升再升。摸清了武则天脉门的大臣们立刻闻风而动，他们相互串联了六万余人同时上表，再次请求武则天称帝，其中包括文武百官、皇室宗亲、黎民百姓，甚至还有和尚道士和四夷酋长。场面和规模都盛况空前，然而武则天仍然不为所动，她在等一个人的表态。

这个人就是李旦。李旦虽然只是武则天的政治傀儡，但他毕竟是唐睿宗，是大唐帝国名正言顺的皇帝。他不表态，武则天就永远无法合情合理又合法地登上皇位。李旦不是笨蛋，在那么多臣民山呼海啸的请愿声中，他并没有迟疑多久，便向自己的母亲上书，请求武则天称帝，并表示自己希望改姓武氏。武则天顺水推舟地答应了他的要求，并赐名为轮。从此在很长一段时间中，李旦都不得不顶着"武轮"这个名字。

载初元年（公元690年）九月九日，武则天正式称帝，改国号为周，改元天授。中国历史上最著名的女皇帝就这样诞生了。这一年，她已是六十七岁的高龄。

改变命运的独木桥

唐人刘禹锡曾经有诗云:"旧时王谢堂前燕,飞入寻常百姓家。"在这两句脍炙人口的名诗背后,隐藏的是唐朝士族势力因为屡受打击而地位逐渐下降的社会现实。

尽管经过南朝"侯景之乱",江南士族的力量遭到很大削弱,但北方士族始终保持着很大的势力。唐太宗时虽然着力于裁抑所谓山东大姓,颁布《氏族志》,但唐太宗的根本目的,乃是将跟随自己打天下的关陇士族的地位提高到与旧士族相提并论的位置,并非要真正否定门阀制度。

在武则天夺取权力的漫长道路上,她遇到了士族阶层的顽强抵抗。这一方面是由于士族所坚持的儒家正统思想对"牝鸡司晨"的反感,另一方面也是由于武则天之父武士彟只是木材商人出身,为重视门第的关陇士族所不容。因为这个缘故,武则天掌握权力后,不仅继承了唐太宗打击士族势力的政策,而且还开始大量提拔寒门庶族出身的官员。一时间,武周的朝堂为之一新。

武则天首先做的就是将武氏家族的地位不断提高。当初唐太宗修订《氏族志》时，由于武士彟已经去世，又只是三品大臣，因此并没有被列在"高门"之列，只是被一笔带过，相比起高门大族有郡望、家世、发祥、渊源、声望巨细靡遗的记录，显得甚为简略。武则天便以此为理由，请求唐高宗修改。其时，武则天的心腹大臣李义府由于出身寒族，自然也极力赞同这一举措。

唐高宗对武则天的建议自然无有不从。显庆初年，他命令著作郎杨仁卿、太子洗马元道、太常卿吕才等人重新修订谱牒，到显庆四年（公元659年），在《氏族志》基础上修订的《姓氏录》完成，并由唐高宗亲自作序，推行天下。

与《氏族志》相比，《姓氏录》有这样几个特点：首先，十二名编纂者都是庶族出身，而把士族官员彻底排除在外；其次，虽然该书同《氏族志》一样，都以现任官职高低而非传统对士族的认知为划分等级的标准，但从《氏族志》到《姓氏录》题目的变化不难发现，这部新的官修谱牒强调的是"姓"而不是"族"。

因此它不仅收入了当时五品以上的现任官员，而且还收入了以军功获得五品以上勋官的军卒。相反，旧士族中若没有在当朝担任五品以上官职者，均未收入。可以想象，这样一来，《姓氏录》中必然充斥着大量庶族甚至是普通百姓，而旧士族的数量则大大减少。事实也确实如此。根据《新唐书》的记载，《姓氏录》共收二百三十五姓、二千二百八十七家，姓氏数量远少于《氏族志》。一些历史悠久享有盛望的名门望族消失了，取而代之的是一帮贩夫走卒，引车卖浆者。

在《姓氏录》中，武氏家族毫无疑问地以唐高宗皇后外戚的身份进入了第一等级，并且还名列前茅，与长孙家族并驾齐驱。曾经

桃深公

宫乐图　唐

在立后之争中站在武则天一边的李勣，虽然位高权重，但由于只是山东土匪出身，因此在《氏族志》中只能敬陪末座，如今也堂而皇之列在第一等。至于许敬宗、李义府这两位武则天的亲信心腹，则以宰相的身份进入了第二等。

曾经高高在上睥睨众生的士族，如今却被迫与昔日不屑一顾的庶族、平民平起平坐，这让士族们感到耻辱和愤怒。他们将《姓氏录》嘲讽为"勋格"——也就是官职表，甚至以被录入此书为耻。为了彻底封杀士族的怨声载道，李义府干脆建议，将曾经印行天下的《氏族志》全部勒令上交，并举火焚之。李义府的建议似乎并未被采纳，但无论如何，这都不能改变士族的风光从此一去不复返的事实了。

颁布《姓氏录》对于武则天控制政权，有着极为重要的意义。门阀制度被打破以后，不同社会阶层之间壁垒森严的界限被打破，广大庶族地主和平民有了出人头地的机会，只要能够做官，就能光宗耀祖，福泽子孙，上升到上流社会。这样一来，新的问题就出现了：既然官职取代了出身成为区分社会阶层的标准，那么选官的程序也必然要发生变化。

唐代初年，官员的来源大致分为如下几种：出身士族，参加科举，以及没有任何来历的"杂色"。其中，科举出身的官员每年数量很少，而"杂色"升官时要经过严格的审查和选拔，能够通过者寥寥无几，因此大量官职被士族占据。武则天为了改变这一状况，下令"杂色入流，不加铨简"，也就是放松对"杂色"官员升职的控制。

虽然利欲熏心的李义府在选官过程中疯狂卖官鬻爵，中饱私囊，以至于后世正统历史学家批评武则天是"多引腹心，广树朋党"；但这一招不仅有效地削弱了门阀贵族的势力，还迅速为武则天在中下层官员中聚集了大批的支持者。

不仅如此，武则天为了拉拢科举出身的官员，还对科举制度实行了一些改革。为了扩大科举取士的人数，武则天拓宽了"制科"取士的范围，以显庆三年（公元658年）的制科为例，当年设有八个科目，九百多人参加考试。取中的考生大部分进入弘文馆，后来大多成为唐高宗和武则天的重要官员。

武则天称帝之后，进一步加强了对科举的改革力度。天授元年（公元690年），武则天开创了"殿试"制度，即以九五之尊在皇宫内亲自考察通过会试的进士，对优秀者破格录用。这一制度一直延续下来，成为科举制度中的重要一环。

不仅如此，武则天还大大扩充了科举取士的名额。唐太宗时，共录取进士二百余人，而唐高宗和武则天时期，录取进士达到千人以上。此外，武则天还扩大了选拔人才的范围，长安二年（公元702年），武则天设立武举，考察马射、步射、平射、筒射、马枪等项目，选拔有军事技能的优秀人才。

说到底，武则天的大兴科举，还是为了选拔人才，给在门阀制度下受到各种制约的寒门庶族和平民百姓一个出头的机会。为了从这些人中选拔才学之士，她甚至宣布老百姓可以自我推荐做官，"内外九品以上及百姓咸令自举"。对自己的才学有自信的可以将诗赋文章投到皇宫前的铜匦内，如果确有真才实学，立刻授予官职。

为了免除遗珠之憾，武则天派出"存抚使"赴各地巡视，搜罗选拔人才。从科举不第的落榜生，到乡村私塾的授课先生都不放过。对于存抚使推荐的人才，武则天都亲自召见，并加以录用，不需要经过考试和培训。

人才无限，官位可有限。这么多人都要做官，难免人浮于事，出现冗官冗员的情况，或者有言过其实、不能胜任的官员。为了解决这个问题，武则天创立了一种叫"试官"的制度，就是先授予这些候补官员一个临时的官职，以便考察其是否称职。原先就有官职的，试用为凤阁舍人、给事中；原先是平民百姓的，则试用为员外郎、侍御史、补阙、拾遗和校书郎。如此一来，不仅朝廷官员正式编制大大增加，还多了不少额外官职。

选官太多，难免也引起时人的不满。时人曾经写打油诗讽刺这种状况道："补阙连车载，拾遗平斗量，耙推侍御史，腕脱校书郎。"大意就是说，这些官职数量简直是车载斗量，而且都和一个模子里刻出来的一样，没有任何特点。后来有个儒生沈全交又在后面补了两句："糊心存抚使，眯目圣神皇。"讽刺存抚使和武则天对这种情况一无所知。

左肃政台御史纪先知经过调查，发现是沈全交干的好事，便向武则天上奏，请求惩治他。不料武则天只是付之一笑，不仅对沈全交未加任何责罚，反而趁此机会告诫文武百官选官时要慎之又慎，不可过于浮滥。武则天这一宽容大度的举动博得了时人和后人的好评。

事实上，武则天虽然选官甚广，但对官吏的考核也极为严格。她经常检察官吏的任职情况，若有不合格者，立即处以罢黜、降职、流放不等的各种刑罚。在她的恩威并施下，武周一朝涌现出了大量名臣名将，如李昭德、魏元忠、杜行俭、狄仁杰、张柬之、姚崇、宋璟，边将如唐休璟、娄师德、黑齿常之、郭元振等人，都在历史上留下了自己的一笔。借助这些寒门庶族地主和平民百姓中涌现出的名臣，武则天巩固了自己的政权。

名相狄仁杰

武周一朝的政绩博得了后世史家的颇多赞誉，与之相比，武周时期的吏治获得的评价则褒贬参半，不少人都对武则天的酷吏政治颇有微词。然而，即使是对武周朝吏治反对最为强烈的人，也不得不承认在这一时期的满朝文武当中，也涌现出不少极有能力的大臣。其中，狄仁杰当然是最为后世所知的一位。

狄仁杰生于唐贞观四年（公元630年），山西太原人。他出生在一个官宦之家：高祖狄湛，是北周宇文泰手下的兵将。祖父狄孝绪在贞观年间曾任尚书左丞，父亲狄知逊则担任过夔州长史。也许是受到家庭的影响，狄仁杰从小就刻苦学习，立志进入官场。

有一次县吏到学校调查情况，狄仁杰专心读书，毫不理睬县吏。县吏不悦，便质问他为何如此傲慢。谁知狄仁杰头也不抬地说自己正在和书中的圣贤对话，没有时间和俗吏说话。结果县吏羞惭而退。

稍长，狄仁杰参加科举，考中明经科，从而得以出任汴州参军。狄仁杰办事公正廉明，得罪了不少人，结果被诬告下狱。恰值初唐著名画家阎立本担任河南道黜陟使时期，他在审理狄仁杰的案子时，弄清了事情的真实情况，并且对狄仁杰的才学赞叹不已，称赞他是"河曲之明珠，东南之遗宝"，并向朝廷极力推荐。于是，狄仁杰因祸得福，担任了并州都督府法曹，在此期间他的德才受到了更多人的钦佩，时人赞誉道"狄公之贤，北斗以南，一人而已"。

仪凤元年（公元676年），狄仁杰调任中央，担任大理丞。作为中央最高的司法官员，狄仁杰在这个职位上有着完美的表现。仅仅一年时间，他就将历年来留下来的案子悉数清理完毕，共涉及一万七千余人，而且没有一个人对判决结果表示不满，重新提起上诉。狄仁杰也因此名声大振，成为人们心目中断案如神，惩奸除恶的青天大老爷。

狄仁杰办案可谓公正无私，不该杀的人他绝对不杀，为了维护法律的神圣不可侵犯，他甚至敢于顶撞皇帝，犯颜直谏。仪凤元年（公元676年），狄仁杰初上任时，适逢武卫大将军权善才不慎误将唐太宗昭陵范围内的柏树伐去。狄仁杰向唐高宗奏报了此事，唐高宗深为震怒，命令将权善才处死。

可狄仁杰却认为权善才罪不至死，只应该处以免职的刑罚。唐高宗对此非常不满，认为权善才破坏太宗陵墓，是置唐高宗于不孝，必须杀之。但狄仁杰不为所动，他劝谏道，法律对于不同的罪，有不同的刑罚，如果皇帝因为一时的气愤就大开杀戒，那么法律一乱，百姓则手足无措，而后人也会将唐高宗视为桀纣之主。唐高宗最终接受了狄仁杰的意见。

相反，狄仁杰对于违法乱纪、贪赃枉法的官吏则绝不容情。调露元年（公元679年），司农韦弘机在洛阳为唐高宗修建了宿羽宫、高山宫、上阳宫等皇家建筑，极尽华丽之能事。建成后，唐高宗便移居洛阳。狄仁杰对韦弘机这种曲意逢迎的行为很看不过眼，便上奏章弹劾韦弘机此举是引导皇帝追求奢侈，长此以往定将误国。唐高宗幡然醒悟，便免去了韦弘机的官职。

唐高宗一度宠信左司郎中王本立，王本立恃宠而骄，在朝中为非作歹，肆意妄为。朝中大臣慑于其势力，都不敢作声。只有狄仁杰毫不畏惧地上书揭发王本立的种种劣行。面对唐高宗的曲意回护，狄仁杰坚定地表示愿为法律的公平献出生命。最终，王本立得到了应有的惩处，朝廷上下颇受震动。

狄仁杰不仅为官刚正不阿，对待百姓也犹如慈父一般。狄仁杰担任度支郎中时，唐高宗曾经打算巡幸汾阳宫，命狄仁杰为知顿使，负责安排食宿交通。当时并州有一座"妒女祠"，据说灵验得很，而驿道正在妒女祠旁边。并州长史李冲玄担心妒女作祟，便打算征发民夫另修御道。这种劳民伤财的行为遭到了狄仁杰的反对，最终没有执行，自然妒女也并没有作祟。

唐高宗去世后，狄仁杰于垂拱二年（公元686年）出任宁州刺史。宁州地处河西走廊，五方杂处，可谓冲繁疲难之地。狄仁杰在此处"抚和戎夏，内外相安，人得安心"，老百姓非常感激他，甚至为他立碑颂德。此情此景被巡察陇右的御史郭翰得知，便上表举荐了狄仁杰。狄仁杰旋即被升为工部侍郎，赴江南担任巡抚使。

垂拱四年（公元688年），豫州刺史、越王李贞起兵反对武则天。叛乱平定后，狄仁杰接任豫州刺史。当时，成百上千的平民百姓因为曾经在李贞军队中服役而被株连，狄仁杰便上书给武则天，声称这些人并非故意作乱，只是为李贞逼迫，不得已而为之，因此不宜妄杀无辜。武则天听从了狄仁杰的话，减轻了对这些人的处罚。

宰相张光辅自恃平定叛乱有功，放任士兵滥杀无辜，勒索钱财。狄仁杰对此大为震怒，他不仅命令手下制止士兵的抢掠和杀戮，还当面怒斥张光辅的暴行，从而保护了一方百姓，狄仁杰也为此付出了贬官的代价。

武则天称帝之后，在娄师德的大力举荐下，狄仁杰被重新起用，于天授二年（公元691年）出任户部侍郎、同凤阁鸾台平章事，成为朝廷宰相。谁知，天有不测风云，没过多久，狄仁杰就被酷吏来俊臣诬告谋反下狱。

当时的法律中规定，一经审讯立刻承认谋反者，可以减轻处罚。狄仁杰分析当时的形势，明白如果矢口否认，必定被酷刑折磨，生不如死，倒不如一口承认，还能伺机申冤。于是出乎所有人的意料，狄仁杰很痛快地承认："大周革命，万物惟新，唐室旧臣，甘从诛戮，反是实！"来俊臣见事情如此顺利，以为狄仁杰贪生怕死，便指使审理狄仁杰的官员王德寿，以减刑为条件，引诱其诬陷尚书杨知柔也参与谋反。谁知狄仁杰断然拒绝，为了表明心志，他以头撞柱，满脸是血，直至昏厥。王德寿被狄仁杰的忠烈吓怕了，从此绝口不提此事。

狄仁杰被关押一段时间后，由于已经"承认"了谋反，对他的看守日益松懈。狄仁杰便乘人不备，以写遗书为由，取来笔墨纸砚，暗暗撕了一块布，写了一份申冤的诉状，缝在棉衣里。之后又以天热，请求让家人拆洗棉衣，狱卒不疑有他，同意了他的请求。狄仁杰的儿子狄光远发现这份诉状之后，立刻入朝向武则天申诉。武则天见此情况，心知有异，便提审狄仁杰等人，最终搞清了事情真相。

狄仁杰凭借自己的聪明才智躲过一劫。

尽管如此,狄仁杰还是被贬黜为彭泽令。虽然只是个小小的县官,但狄仁杰并没有因此消沉。当彭泽发生旱灾时,他积极为百姓申请发放赈济,免除租赋,受到百姓的爱戴。万岁通天元年(公元696年),"营州之乱"爆发,河北人心惶惶。为了稳定局势,安定人心,武则天调狄仁杰为魏州刺史。

前刺史独孤思庄慑于契丹的进攻,命令百姓放弃农业生产,进城备战,结果大片农田荒芜,人民生活极其困苦,人心浮动。狄仁杰到任后,立刻遣散百姓,任其安居乐业。结果契丹听说狄仁杰的大名,不敢进攻,闻风而去。当地百姓十分感激狄仁杰的德行。

狄仁杰的政绩终于再次引起了武则天的重视。武则天先是赐给他紫袍、龟带以示奖励,并且在紫袍上亲自绣了"敷政木,守清勤,升显位,励相臣"十二个金字,可谓是难得的钦赐。紧接着,狄仁杰再次被召回朝中,于神功元年(公元697年)升为鸾台侍郎、同凤阁鸾台平章事、加银青光禄大夫,兼纳言,开始了其第二次宰相生涯。

这时期,武则天对狄仁杰极其倚重,称之为"国老",军国大事往往要征求其意见。而狄仁杰也利用这一点,频频向武则天施加影响。据史书记载,狄仁杰口才很好,不仅语言流利,声音洪亮,而且有理有据有节,极具感染力和说服力,与此同时,他又兼备机敏持重的性格。这些都使得他在宦海浮沉中能够屹立不倒。

狄仁杰担任宰相期间,不仅粉碎了武氏族人想要承继大统的野心,还最终使武则天改变心意,迎回了一度被废黜的庐陵王李显重任太子。不仅如此,在狄仁杰生命的最后几年,他深知自己已经年老体衰，力不从心，因此积极推荐人才，安插在各个要害部门，作为王朝的中流砥柱。

狄仁杰为了推荐张柬之担任宰相，数次对武则天举荐此人，武则天最初不以为意，将张柬之任为洛州司马，狄仁杰却告诉武则天，自己推荐的是宰相而不是司马。武则天便将张柬之提到了宰相的高位上。最终在神龙政变中，张柬之为李唐皇族的复兴立下了大功。

久视元年（公元700年），狄仁杰病故，享年七十一岁。噩耗传来，朝野悲痛，武则天不能自已，悲叹道："朝堂空也。"她追赠狄仁杰文昌右相，谥号文惠；唐中宗时追赠司空，唐睿宗时又封为梁国公。至今太原市内还有一条名为"狄梁公街"的小巷，以示纪念这位千古名臣。

皇帝搬家

在隋末农民战争中，李渊攻下长安之后，立国号为唐，建都长安。但唐高宗即位之后，却明显表现出对洛阳的偏爱。显庆二年（公元657年），唐高宗立洛阳为东都，从此唐高宗就在长安和洛阳之间频频来往，上演一出唐朝的双城记，直到他在洛阳驾崩。

武则天掌握实际权力之后，干脆在光宅元年（公元684年）正式将都城迁至洛阳，称之为神都。在武则天掌权的二十余年间，除了有两年［长安元年（公元701年）至长安三年（公元703年）］短期住在长安外，一直住在洛阳。

为了定都洛阳，武则天可以说是煞费苦心，花费大量人力物力，在洛阳城内大兴土木。她不仅对旧有的宫殿苑囿进行了大规模的重建和翻修，还新建了一系列足以替代长安皇宫的皇家建筑。垂拱四年（公元688年），武则天委派白马寺主持——自己的面首薛怀义负责，以《礼记》中的记载为蓝本，在洛阳兴建了一座明堂。

此外，武则天称帝后，在洛阳建立武氏七庙，四时八节祭祀；又于天授二年（公元691年）将关内雍州、同州等九个州的数十万百姓迁至洛阳。凡此种种都是古代帝王建都的惯用手法。由此可见武则天对洛阳的重视。

武则天对洛阳的重视是如此明显，以至于当时层出不穷的反武人士也认识到了这一点。光宅元年（公元684年），徐敬业等人在扬州起兵时，魏思温曾经建议徐敬业应当率大军直扑洛阳，若攻克此城，"则天下知公志在勤王，四面响应矣"。可惜徐敬业并未听从这一建议，最终兵败身死。由此观之，在武周一朝，洛阳已经替代了长安，成为武则天的政治中心。

那么，武则天为什么要弃长安而选洛阳作为新的都城呢？历代史家对此皆有自己的分析。司马光在《资治通鉴》里给出了一个非常怪力乱神的说法。他说，由于王皇后和萧淑妃都惨死在武则天手里，冤魂不散，时常作祟。据说武则天"数见王、萧为祟，被发沥血如死时状。后徙居蓬莱宫，复见之"。对此《旧唐书》中也有相同的记载，而且武则天还曾经"祷以巫祝"，但还是没用，不得已，只好搬到洛阳去躲避。从今人的角度看来，这个说法恐怕是反对武则天的一帮文人大臣们想出来污蔑她。鬼神之事姑且不论，王皇后和萧淑妃死于唐高宗麟德二年（公元665年），但武则天却是在十九年后才迁都洛阳。而且，武则天也并没有如司马光所说"终身不归长安"，称帝后仍然在长安住了两年。因此，这一说法根本站不住脚。

隋唐史大家陈寅恪认为，武则天之所以要迁都洛阳，有政治、经济和娱乐等多方面的原因，其中又以经济原因为重。但另一位唐史专家岑仲勉却不同意陈寅恪的意见，他认为武则天选择洛阳作为都城，本意就是为了方便"纵情荒淫享乐"。从今人的角度看来，结合武则天的政绩，岑先生的话未免有失公平。倒是陈寅恪先生的看法，颇有些道理。应该说，武则天迁都洛阳，乃是由于初唐时的政治经济情况和洛阳得天独厚的地理形势决定的，具有其合理性和必然性。

在历史上，关中盆地虽然号称据有崤函之险，易守难攻，但随着唐代建国后，太宗、高宗两朝的不断扩张，唐帝国的疆土不断扩大。根据史料记载，总章元年（公元668年），唐朝的疆域东到沿海，西到葱岭以西，南包越南，北到贝加尔湖一带。在如此大的范围内考察，则长安的位置有些偏于西北，与江南尚有一定距离，更遑论遥远的岭南了，这并不符合中国传统的宇宙观。

与长安相比，洛阳地处中原，通过运河可北通幽燕，南抵江淮，西接陇蜀，东达海岱，其距离基本相等，有着"居中而摄天下"的优越条件。而且，洛阳的军事条件也并不次于长安，洛阳北有黄河，对岸的太行、王屋二山可为屏障，南有伊阙之险，还有熊耳山与少室山。西有崤函之险，东占虎牢关，而伊洛平原土壤丰饶，物产丰富，为重要的粮食产地，因此古人称其"控以三河，固以四塞"。这些都是洛阳适于作为首都的地理原因。

其次，从政治上考虑，武则天迁都洛阳也有着改朝换代，另立皇统的考虑。武则天虽然通过政治斗争，一步步地登上了最高权力的宝座，但这只是她的个人行为，并不能说明整个传统社会中男权主义的格局被扭转过来。对于大多数的唐朝旧臣来说，武则天的继位之所以具有合法性，乃是由于她是李唐皇室的媳妇儿。这一点，从武周后期的立储风波中看得很清楚。

这一观念流传之广，甚至蔓延到了所谓"四夷"之中。圣历元年（公元698年），突厥默啜可汗要求与唐朝和亲，并献出自己的女儿，武则天则命自己的侄孙、魏王武承嗣之子武延秀为其驸马。结果默啜大为不满，认为他是要把女儿嫁给李唐皇室的后裔，也就是天子之子，武氏并非皇族，因此乃是藐视自己。于是默啜便将武延秀囚禁起来，并率兵内侵中原。这件事充分说明武氏家族并没有随着武则天的称帝而成为新的皇族，地位十分尴尬。

显然，这并不是武则天的本意。武则天实际想要的乃是改朝换代式的变革，也就是以武氏取代李氏，另立天下的崭新王朝，使武氏家族成为新的皇族。出于这种打算，武则天掌握实际权力后，一方面极力提升武氏家族的地位和势力，又为武氏列祖列宗创设太庙；另一方面也极力打压李唐皇族的地位和影响力。另起炉灶，迁都洛阳就是一个一举两得的手段，既可以将李唐王朝原本的政治资源压制于无形，又可以在新都极力拓展武氏家族的势力。

此外，河洛平原一带的经济情况也要远远优于关中平原。关中平原虽然号称沃野千里，但那只是汉初故事。由于屡经战乱、过度开发、人口增殖、气候变迁等种种原因，关中地区的生态环境日趋恶化，到隋唐年间，关中地区的粮食供应已经成为一大难题。

隋唐时的统治者，曾为振兴关中地区的农业经济想过不少办法，但都收效甚微。首先，关中地区地处黄土高原，其生态结构较为脆弱，极易遭到破坏，经过汉末以来的战乱，植被破坏严重，水土流失，黄土沙化，河流含沙量日益增高，逐渐失去了灌溉能力。其次，初唐时期人口增长极其迅速，根据史料记载，从贞观十三年（公元639年）到神龙元年（公元705元）的短短六十多年间，全国户数和人口数居然分别增长了一倍和三倍，而关中地区作为北方人口最为密集的地区，人口爆炸的情形更为严重，粮食的增长速度早就被人口增长的速度所抵消。再次，长安地区的富商大贾、王侯权贵为了经济利益，在水道边建设大量碾硙，对水利灌溉也造成了非常不利的影响。这样一来，隋唐统治者就不得不考虑将粮食运入关中地区，以缓解紧张的局面，但此亦非易事。三门峡一带黄河水文情况恶劣，河道狭窄，水势湍急，水底暗礁极多，运输量十分有限，漕运成本却极大，有"用斗钱运斗米"的说法。为了克服这一困难，隋唐政府或是绕路而行，或是开凿栈道，但都效果极差。结果，唐高宗时期竟然常常带领百官"趋食洛阳"，在路途中甚至有饿毙于道者。

反观洛阳所在的关东地区的经济情况则非常发达。它东部紧邻华北平原，西部则是伊、洛、河、济四水交汇之处，土壤丰沃；河南、河内、河东地区都是全国最发达的农业地区，"太原蓄巨万之仓，洛口积天下之粟"。在洛阳建都，既能够解决粮食供给不足的问题，又能够节省一大笔漕运开支，可谓是一个相当务实的选择。

由此看来，武则天迁都洛阳，就并不仅仅是出于享乐或者避鬼之类的原因。从宏观的历史来看，这一决定体现了中国经济中心不断向东南移动的历史必然性；而从个人的角度来看，它也符合武则天改朝换代另立皇统的要求。

第四章

李武之争,女皇的困境与努力

儿子与侄子的抉择

武则天登基时已经是六十多岁的老人，虽然如愿以偿，但面临着一个现实的问题：究竟由谁担任继承人。在长期以来儒家政治学说的浸染下，中国政治权力都遵循"一家一姓，万世不易"的传统。这一传统使武则天在继承人的选择上陷入了一个悖论：作为李家的媳妇，她的儿子无疑是自己最亲近的人，但和自己不是一个姓；反之和自己一个姓的武氏族人却和自己不是一家人。

这个伦理与政治上的矛盾迫使武则天不得不在即位之后暂时搁置了继承人的问题，将被其废掉的四子李旦立为皇嗣。听起来李旦似乎是继承人，但他完全没有太子应有的权利和权力，反而被夹在当中左右为难。从这个不伦不类的称呼中，也可以看出武则天当时心情的矛盾与复杂。

然而正所谓树欲静而风不止，虽然武则天极力想淡化继承人的问题，但各方势力都野心勃勃地意图在这一问题上挑起事端。在武则天所生的几个儿子中，长子李弘早已去世多年，次子李贤也因为莫须有的谋反罪名被武则天诛杀，三子李显被流放，每日担惊受怕，朝不保夕，只有四子李旦暂时还保住了在朝中的位置。可以说，李唐皇室的子孙此时已全部失势。这样一来，凭借武则天称帝而兴起的武氏族人便对皇位虎视眈眈，渐生觊觎之心。

其实，对武则天的生平略加考察，便不难发现，她与父族那边的亲戚关系并不好。武则天的母亲杨氏是父亲武士彟的填房，而武则天的两位兄长武元庆和武元爽均是武士彟的正室相里氏所生。武士彟去世后，这两位哥哥因为家产的问题，对杨氏母女的态度十分冷淡。

而武氏族人对杨氏这个只会生女儿的妇人也很不喜欢，武则天的两个堂兄武惟良、武怀运对杨氏及其几个女儿更是非打即骂。亲属的无情从小就在武则天的心中留下了恶劣的印象，在这种情况下，武氏族人原本不可能从武则天的发迹中获得任何好处。

尽管武则天成为皇后之后，曾经一度给几个兄长加官晋爵，但武氏弟兄几个却毫不领情，反而将此看作是作为功臣之后理所应当的结果。见此情况，武则天毫不犹豫地找了个借口，以"谦让无私，裁抑外戚"的理由将武氏兄弟贬职到外地，不久他们先后死去，武则天也算出了当年的一口恶气。

虽然如此，但中国政治结构中重用外戚的传统却使得武则天不得不依靠武氏族人来巩固自己的地位，否则就有孤立无援之虞。尽管几个兄长死的死、散的散，但他们的子嗣却卷土重来，在武则天的支持下进入朝廷并担任要职，成为武周时期一股举足轻重、不可忽视的势力。其中，以武承嗣最为权倾一时。

武承嗣是武元爽的儿子，早年由于父亲获罪，在当时尚属蛮荒之地的海南岛度过了他的青少年时代。武元爽很快就死在了流放地，但武承嗣则熬到了出头的一天。到咸亨五年（公元674年），武则天大概是意识到了外戚力量的重要性，便将武承嗣召回，让他继承了武士彟的周国公的爵位，又授予他尚衣奉御的职位。武承嗣是个很有政治头脑的人物，他深深地明白，自己的政治前途和命运全部维系在这位姑姑的身上。

因此，他不遗余力地帮助武则天逐步实现她称帝的梦想。他的努力获得了武则天的肯定，其官职爵位也因此而步步高升。到光宅元年（公元684年），武承嗣被封为魏王，又担任了相当于宰相一职的同中书门下三品和礼部尚书，可谓位高权重。

武承嗣利用其职权，大肆制造各种"祥瑞之象"，给武则天的称帝制造合法性和正当性的理论依据。首先，武承嗣为了提高武氏家族的地位，建议武则天追封五代祖宗为王，并立庙祭祀。这一建议虽然遭到了朝臣的极力反对，但正合武则天的心思。不久，武承嗣又搞出了拜洛受图和《大云经》的把戏，为武则天称帝大造舆论，不能不说，在武则天称帝的过程中，武承嗣起到了相当重要的作用。

武承嗣这么做，显然是看到了除了位极人臣之外的另一种可能性——黄袍加身，称孤道寡。按照中国政治的传统，武则天的登基，意味着武氏取李氏之位而代之。从政治伦理学的角度来说，由武氏族人接任皇位也未尝不可。而武承嗣作为周国公武士彟的孙子和爵位继承人，自然当仁不让地成为了皇位的第一顺序继承人。恐怕武承嗣正是考虑到了这一点，才会如此尽心尽力地支持武则天的登基。

武则天称帝之后，武承嗣更是急不可待，希图有一日入主东宫。一方面，武承嗣继续竭尽所能讨好武则天。长寿二年（公元693年），武承嗣纠集了五千余人一同上表，请武则天加尊号"金轮圣神皇帝",这个带有强烈佛教色彩的尊号让武则天很是受用,而如此大规模的上表行动也让武则天龙颜大悦,武则天当即接受了这一尊号。见此计得逞,武承嗣干脆变本加厉,第二年又纠集了两万六千余人为武则天上了一个更加不伦不类的尊号"越古金轮圣神皇帝",武则天也照单全收。

不仅如此,武承嗣对武则天身边的宠臣也执礼甚恭,甚至不惜为其牵马执辔。由此,武承嗣成功地争取到一大批为他说话的官员。这些人成日在武则天周围鼓噪"自古天子未有以异姓为嗣者",构成了一股强大的舆论氛围。

而与此同时,武承嗣又授意凤阁舍人张嘉福纠集了以洛阳人王庆之为首的数百"平民",集体向武则天上表,王庆之涕泗横流,以死相劝,说什么"神不欲歆类,民不祀非族",既然武氏为皇帝,怎么可以以李氏子孙为皇嗣呢?要求立武承嗣为太子。一时间,此类言论甚嚣尘上,不用说,这都是武承嗣的授意。

武承嗣所作所为,难免引起朝中一些怀恋旧主、行事正直的大臣的不满。为了堵住反对者的悠悠之口,武承嗣又大开杀戒。他勾结武则天时期著名的两个酷吏周兴和来俊臣,对反对他的大臣举起了屠刀。当时大臣李昭德为人刚正不阿,对武承嗣编造的祥瑞很是看不过眼,曾经数次当众指斥此种行为。

后来李昭德又向武则天上表,认为武承嗣身为亲王而担任宰相之职,未免权力过大,对皇权造成威胁。这一建议得到了武则天的同意,而武承嗣也因此丢掉了宰相职务。被降职的武承嗣恨李昭德恨得牙关痒痒,不久就唆使来俊臣罗织罪名,深文周纳,将李昭德打入冤狱,流放斩杀。而李孝逸、韦方质等宿老不愿侍奉武周政权,武承嗣也多次建议武则天将其诛杀。

大臣尚且如此，身为武承嗣直接竞争对手的李唐皇族子孙就更不用提。早在武则天尚未登基之时，武承嗣就建议武则天"去唐家子孙"。武则天掌握朝中大权时，不少皇族子弟纷纷起兵反对，这给了武承嗣一个赶尽杀绝的绝妙借口。垂拱四年（公元688年），越王李贞及其子起兵反对武氏，兵败被杀，武承嗣趁机将韩王李元嘉、鲁王李灵夔等一干亲王以通同作乱的罪名全部杀掉。天授元年（公元690年），武承嗣又大杀宗室子孙，对年幼者则流放岭南，李唐皇族几乎被屠杀殆尽。

武承嗣的所作所为虽然让武则天对其甚为信任，但也引起了朝中大臣的不满，甚至武则天甚为倚重的狄仁杰、吉顼等人都不赞同由武承嗣继任太子。其实这也难怪，平心而论，武承嗣虽然身居高位，执掌国柄，但他本人才能有限，除了打击异己，制造舆论之外，经邦济世的本事实在是乏善可陈；和他相与甚得的，也大多是只会阿谀奉承的溜须拍马之辈。这样一个人怎么可能成为好皇帝呢？

武则天虽然喜欢武承嗣，对这一点却看得很清楚，因此也迟迟难做决断。然而随着武则天的日益衰老，皇储问题的重要性也日益凸显出来。不过让武承嗣没有想到的是，情况变得对他越来越不利。北方的契丹和突厥先后打着光复李唐政权的旗号起兵造反，让武则天意识到武氏族人不得人心；而朝中大臣的反复劝说似乎也对武则天产生了越来越重要的影响。

有一次，武则天又就皇储的问题征求左右重臣的意见，狄仁杰趁势表示，自古以来，只有儿子将父母供奉在太庙中祭祀的，但从来没听过侄子将姑姑供奉在太庙中祭祀的。言下之意，当然是劝说武则天立子不立侄。狄仁杰的劝谏可以说最终坚定了武则天的想法。就在这次谈话之后不久，武则天正式下诏，立原已被贬为庐陵王的三子李显为太子。这场立嗣风波可以说暂时告一段落。

机关算尽的武承嗣最终也没能入主东宫。这件事给他的打击可以说相当之大，就在此事之后不久，武承嗣就郁郁而死，而他这一支武氏族人也至此失势。不过武周末年的政治斗争还远未结束，誓死捍卫李唐政权的大臣们，还要面对一系列更加凶险的情势。

把太子还给你

在李武之争引起的立储风波中,虽然的结果是李唐皇室获得了胜利,被废黜多年的李显重新回到了长安并被册封为太子,但这并不是一朝一夕就决定的事情。在这个漫长曲折而复杂的过程中,武则天态度的微妙变化,一干忠于李唐王室的大臣的各种政争劝谏,都让这一微妙而脆弱的政治局势左右摇摆,不得安宁。

其实在武周一朝,李唐皇室的地位可谓危如累卵。前面已经说过,在武承嗣等人处心积虑的压迫和陷害下,大批李唐皇室子孙被杀,甚至于武则天的两个亲生孩子也过着朝不保夕的日子。李显被武则天赶下皇位宝座以后,以庐陵王的身份先后被软禁在湖北的均州和房州。可怜他贵为天潢贵胄,金枝玉叶,却要远离京城,在羽林军的严密监视下成天过着担惊受怕的生活。

李显在流放地可谓是真正的孤家寡人,身边仅有妻子韦氏与他相依为命。李显本来才能平庸,缺少作为一国之君的气魄,长期的流放生活,更是让他遇事则迷,与他相比,韦氏则要冷静镇定得多。也许是二哥李贤的死对李显的刺激过于强烈,每次听说武则天派使臣前来，李显就执着地认为母后要对自己下毒手，便惊慌失措，嚷嚷着要自杀。

在这个时候，韦氏总是对李显百般劝慰，鼓励他要乐观积极，不必如此惊恐。正是在韦氏的陪伴和安慰之下，李显才勉强在非人的环境中度过了漫长的十四年流放岁月。也正是因此，李显和韦后的夫妻感情十分深厚，李显曾经对韦氏赌咒发誓，假如异日能重登大宝，一定竭尽全力满足韦氏的任何愿望。

流落在外的李显如此，勉强留在京城的李旦也没好到哪里去。武则天称帝后，封李旦为皇嗣。但这个徒有虚名的称号反而让李旦吃尽苦头。为了防止李唐皇室的人私下串通，武则天规定大臣要想拜见李旦，必须经过武则天的同意。

结果偏就有不信邪的人，前尚方监裴匪躬与内常侍范云仙二人趁武则天不备，偷偷去看望了李旦。结果这两人没有逃过武则天无处不在的监察，被抓了个正着。武则天为了杀鸡儆猴，将二人腰斩于市。有了这样的前车之鉴，满朝文武再也不敢冒着生命危险去拜访李旦了。李旦虽然身在京城，但精神世界却和哥哥李显一样孤单。

饶是如此，李旦还是逃脱不过别有用心的人的深文周纳。有一次，不知何人告发李旦有不臣之心，武则天得知后勃然大怒，便命令来俊臣审理此案。来俊臣是有名的酷吏，他知道自己虽然不能把李旦怎么样，但是可用酷刑把李旦身边人的嘴巴撬开，教他们指证李旦。

可是出乎来俊臣的意料，这些人受尽了严刑逼供，遍体鳞伤却仍然不肯承认李旦有谋反之心。特别是一个叫安金藏的太常乐工，干脆对来俊臣表示，既然你不相信我安某人的话，那我就剖腹让你看看我的心脏,以表明皇嗣绝不会谋反。说完就拿刀剖腹,竟至鲜血横流,场面极其惨烈。

安金藏的忠烈之举震惊朝野,自然也传到了武则天耳朵里。武则天闻听此事,知道必然有冤情,不仅命医生紧急救治,还亲自探望了安金藏,并感叹道,我的儿子我却不了解他,连累你受这样的苦!随即停止了对李旦所谓"谋反"的追查。因为安金藏的英勇,李旦总算逃过了一劫。

李旦在受尽迫害的同时,其政治地位也日益降低。"国之大事,惟祀与戎",从祭祀典礼中,可以很明确地看出政治格局的变动,这是中国传统社会的一个传统。武则天即位初期,在较为重要的祭祀典礼中,辅助武则天进行祭祀的均为李旦及其长子李成器。可到长寿二年(公元693年)正月祭天时,李旦和李成器却被排除在了典礼之外,魏王武承嗣和梁王武三思取代了他俩的位置。

这一情况明白无误地揭露出李旦岌岌可危的政治地位。果然,不久之后,李旦的几个儿子的爵位便一股脑儿地被降为郡王,并且统统被软禁在宫中。至于李旦的两个妃子更是以莫须有的罪名先后被处决,尸骨无存。

面对着李唐皇室将要全军覆灭的状况,朝中的一干大臣坐不住了,为首的就是狄仁杰。狄仁杰既和武则天有同乡之谊,又是老臣,可谓德高望重,武则天对他甚为倚重,尊称其为"国老",无论各种大事小情往往都要征求狄仁杰的意见。

狄仁杰不愧为一代贤相,武氏族人的种种不成器他都看在眼里,自然知道武承嗣和武三思等人绝对不是继承皇位的最好人选;而且考虑到王朝的安定和兴盛,百姓和四夷的人心所向,也只有重新恢复李唐皇室的统治才是最佳的选择。

因此,他虽然忠心耿耿地辅佐武则天,但在立储一事上却坚持己见。面对武承嗣等人的步步紧逼,狄仁杰毫不让步,用尽各种办法,千方百计地让武则天下定决心。几乎在任何情况下,狄仁杰都有本事把话题转到立储这个问题上。武则天原本就笃信佛教,又兼之年事已高,不免对鬼神占卜之事愈加相信,狄仁杰就利用这一点,屡屡对武则天旁敲侧击。

有一次,武则天提到前夜梦到玩双陆游戏屡战屡败,不知何意。狄仁杰一听便立刻语带双关地说道,双陆不胜,乃是宫中无子所致,这乃是上天暗示陛下,应当尽快解决立储之事。又有一次,武则天梦到一只羽毛丰满颜色艳丽,但两翼折断的鹦鹉,不知所主何事,便又向狄仁杰询问。狄仁杰趁机又说,鹦鹉的"鹉"正暗示着武则天的"武",两翼折断意味着武则天的两位皇子如今正流离失所,朝不保夕。因此他建议武则天应该尽快恢复两位皇子的政治地位。

武则天最终认清了人心思唐的局势。牛不喝水强按头并不可取,如果罔顾朝臣的意见,一意孤行,立武氏族人为太子,则必将引起政局的动荡,自己苦心孤诣奋斗数十年的政权就可能毁于一旦,甚至武氏家族也可能在动荡中了无孑遗。而且,武氏族人的难堪大用也历历在目,更何况作为武氏族人的姑母,这些野心勃勃的侄子们真的能对自己敬礼有加,放在太庙中四时祭祀吗?

种种考虑之下,她最终决定立自己的儿子为皇储。圣历元年(公元 698 年),武则天派人秘密将李显全家接回洛阳。随后便以商量立储为名,召狄仁杰等人入宫。狄仁杰做梦都没想到,自己入宫后看到的竟是暌违十数年的庐陵王李显。狄仁杰当即痛哭流涕，拜伏在地；而武则天也声泪俱下地对狄仁杰说："我把储君还给你！"

君无戏言，如此一来，李显的太子之位算是坐定了。而李旦也很知趣地主动提出辞去皇嗣之位，请三哥即太子位，态度十分坚决。武则天见此自然乐得接受。圣历元年（公元698年）九月，洛阳举行了正式的太子册封礼，李显被立为太子，而李旦则被改封为相王。这也标志着武周一朝晚年的立储风波正式告一段落。

狄仁杰和吉顼等人终于松了一口气，但对于武则天来说，事情并没有结束。立储风波让李武两家本就不睦的关系变得更加紧张，这是武则天绝对不愿意看到的。一方是自己的夫族，一方是自己的母族，武则天不愿意其中任何一方受到压制，相反，她更希望双方团结起来，在她百年之后共同维护这个她一手打造的王朝。为此，她还需要想一些别的办法。

男宠政治

武则天作为女皇帝,其特殊身份一直遭到后世许多正统史家的恶评。对于宋后视男女之大防为洪水猛兽的道学先生们来说,武则天宠幸男宠的事实始终让他们难以接受,因此他们大肆攻击她"秽乱宫闱"。其实,对于唐代那个相对开放且包容的时代来说,男女之间的情事并不是什么需要遮遮掩掩羞于见人的禁忌话题。

武则天虽然贵为九五之尊,但一样是个平凡的女人,对异性的渴望、需求和市井男女并无不同,因此这实在是个无可厚非的话题。不过,如果公私不分,让男宠因为受宠而插手军政大事,把政务弄得一团糟,这就得另当别论了。在这一点上,晚年的武则天无疑犯了非常严重的错误。

史书说武则天有面首三千,虽然不免夸大,但也道出了武则天男宠人数之多,堪与男皇帝后宫的三千佳丽相匹敌的内情。武则天身为皇帝,再加上她标新立异的思想,总不会甘于独守空房,孤寂地度过女皇的一生。

再者,唐朝是中国封建社会的特殊时代,婚姻思想开放,贞节观念淡漠。唐公主改嫁者达数十人，高阳、襄阳、太平、安乐、永嘉诸公主还养有男宠。《唐律》规定"若夫妻不相安谐而和离者，不坐"，使唐人对离婚态度较为开通，有的离异书上还有祝福之语："愿妻娘子相离之后，重梳蝉鬓，美裙娥眉，巧逞窈窕之姿，选聘高官之士……一别两宽，各生欢喜。"

唐代女子的贞操观念完全不像宋代以后要求得那么严，社会上对这方面的要求相当宽松，从宫廷到民间，人们性生活的自由度相当大。白居易在《琵琶行》里叙述了一位商人妇在丈夫外出时，夜半与一群陌生男子在船上聚会交谈并弹奏琵琶的事情。宋朝人洪迈曾感叹道："瓜田李下之疑，唐人不讥也。"唐朝妇女在社交上体现的这种自主性，一扫六朝充斥着的铅华脂粉，体现出富丽堂皇、多姿多彩的美。

武则天喜欢皮肤白皙、面目英俊、体格高大的年轻美男子，这一点众臣都知晓，于是为了讨好武后，纷纷觅来美男敬献。然而多数被敬献的男子不出几日就被捆绑手脚扔入水池，其中缘由却不为人所知。事实上，武则天虽然年纪大了，然而姿色与年龄并不成正比，尤显年轻，因此，在性事上的要求还是很高的。

还好，武则天有一位善解人意的女儿。太平公主洞悉了母亲的苦楚，便下大功夫挑选了一位男宠献与母后，他就是薛怀义。薛怀义本名冯小宝，曾是街头卖药郎，因为与唐高祖的女儿千金公主的侍女有接触，所以太平公主才得以结识此人。冯小宝生得一副英俊相，再加上他为人聪颖，因此深得武则天的宠爱。因其是贫寒出身，武则天便让他入了驸马薛绍的家族，改姓了薛，名为怀义。又为了让薛怀义在宫中来去自如，武则天特意让他出家为僧，并授予了白马寺住持的头衔。

然而,薛怀义却凭借着武则天对自己的宠爱开始为所欲为,对王法视若无睹,干尽了缺德之事。据史料记载:

"士民遇之者皆奔避,有近之者,辄挝其首流血,委之而去,任其生死。见道士则极意殴之,仍髡其发而去。朝贵皆匍匐礼谒,武承嗣、武三思皆执童仆之礼以事之,为之执辔,怀义视之若无人。多聚无赖少年,度为僧,纵横犯法,人莫敢言。右台御史冯思勖屡以法绳之,怀义遇思勖于途,令从者殴之,几死。"

对于薛怀义的这些行为,武则天选择视而不见,任凭他为所欲为。后来,居然还将修建明堂的大权交与他掌管。待一年后明堂落成,薛怀义又因功高而被封为左威卫大将军,他的气焰就更嚣张了。然而,武则天也有自己的忧虑,她虽然宠爱薛怀义,可薛怀义的行为却又令众人不满,为了服众,武则天又给予薛怀义建功立业的机会,让他率军到边疆与突厥相抗。事实上,薛怀义一行并未遭遇突厥,他在不损毫发的情况下为自己歌功颂德,只是仍然不能服众罢了。

不过薛怀义也是个聪明人,他明白武则天对他的宠爱足以抵御外界对他的攻击,于是他更是想尽了办法要加深武则天对他的重视与喜爱。他与僧法明共同撰写的《大云经疏》就为武则天大造了称帝的声势,也让武则天备感欣慰。武则天对薛怀义的宠爱让薛怀义更加肆无忌惮地胡作非为,曾有侍御史周矩对其所作所为大为不满,于是上书武则天弹劾他。武则天迫于外界的压力只好将薛怀义交由周矩,并要求从轻处罚。根据武则天的意思,周矩将薛怀义所度的僧人多发配至远州,薛怀义因此对周矩怀恨在心,终将周矩拉下了水。

随着薛怀义受宠日隆,他甚至连武则天本人都敢挑战。因为武则天年纪大了,久而久之,薛怀义便不想再侍奉她,所以经常不进宫。武则天也因此另寻了男宠,薛怀义因受到冷落,一气之下焚毁了明堂北面的天堂。武则天为了安抚他,仍旧让薛怀义掌管重修明堂的大事。

至此,武则天对薛怀义已不那么信任,甚至起了厌恶之心,后来趁机命人将其杀害。武则天的新宠是御医沈南璆,然而史料对此人少有记载,相传是英年早逝。没有了男宠的陪伴,年迈的武则天非常寂寞,于是太平公主又为母亲物色了一个人,他就是张昌宗。武则天见过张昌宗后十分喜爱,张昌宗又向武后举荐了自己的哥哥张易之。于是,兄弟二人开始成为武则天新的男宠,终日陪伴在她的身边。

薛怀义在武则天的帝王生涯中,曾经辉煌过,陪伴这位女皇帝走过了她人生中精彩的十年。然而,薛怀义外表的英俊却终究敌不过他内心的粗鄙,从平民百姓突然荣升武则天的男宠之后忘记了自己的出身,也忘记了他所陪伴的对象是一个国家的皇帝,忘记了那句"伴君如伴虎"的至理名言。

与薛怀义的贫寒出身有所不同的是,张氏兄弟是太宗、高宗时宰相之后代,其修养虽不见得多高,却总比薛怀义胜出一筹,温文尔雅,机灵谨慎,武则天因此也更为喜爱二人。许多大臣见武则天如此宠爱张氏兄弟,便有意与张氏兄弟拉拢勾结,百般示好,"武承嗣、三思、懿宗、宗楚客、晋卿皆候易之门庭,争执鞭辔,谓易之为五郎,昌宗为六郎。"相传,因张昌宗相貌俊秀美丽,有人便比喻他美如莲花，而宰相杨再思为了投其所好，便"纠正"了这个错误，反称莲花美如六郎。

张氏兄弟不像薛怀义那样胆大妄为，他们十分清楚自己的身份，安分守己地充当着武则天的男宠，犹如粉面桃花，每每都能让武则天欢欣雀跃。圣历元年（公元698年），武则天设立了控鹤监，次年又设鹤监丞，后来将控鹤监改为奉宸府，权力交给了张氏兄弟。

张昌宗和张易之二人便在奉宸府中组织起了一个文学小集团，每日吟诗作赋，歌舞升平，朝廷中不少人为了依附张氏兄弟，也加入其中。久而久之，张氏兄弟的身边，就形成了一股政治势力，并且由于武则天的不管不问，这个政治集团日渐庞大起来。

武则天因为年事已高，政事上多已不再过问，"政事多委易之兄弟"。这样的局面引起了朝廷大臣及王室贵族的警惕，然而凡有向武则天状告二人行为者，多被张氏兄弟记恨在心，不是被革除官职就是被砍头，甚至连重臣魏元忠也被流放钦州。张氏兄弟的行为不得人心，朝中大臣见势联合起来，逼迫武则天将其关押审讯。武则天迫于压力，不得不照此做法进行。然而张氏兄弟后来还是被释放了。

如此关了放，放了关，反复了几次，朝中群臣已经对武则天纵容二张的行为十分反感和担忧。神龙元年（公元705年）正月，太平公主及李氏兄弟联合发动政变，逼迫武则天退位，并让李显继位，一举将张昌宗、张易之处死，推翻了以他们二人为首的政治势力。

不可不说，在武则天的帝王生涯中，男宠切切实实地为她带来过诸多欢笑，然而她最宠爱的男人却都以悲惨的结局告别了人世。无论是薛怀义的胆大妄为还是张氏兄弟的谨慎经营，他们都遗忘了一个事实，那就是他们始终只是武则天身边的陪衬而已，武则天最钟爱的依

薛仁贵

說文解字

旧是至高无上的权力。

武则天的第一个面首薛怀义恃宠而骄，争风吃醋，火烧明堂，最终落了个殒命的下场。薛怀义之死虽是他咎由自取，但让他身居要职并一再纵容他的却是武则天，对此女皇自然难辞其咎。可惜武则天似乎丝毫没有意识到自己的过失，不久她就再一次在这个问题上跌了跟头。

薛怀义被处死后，武则天身边一时无人承幸，每日宵衣旰食，朝乾夕惕之余，未免寂寞。然而事情不久就有了转机，太平公主把自己的得意男宠张昌宗献给了自己的母亲。太平公主这么做，一方面是出于母女之情，不愿意看到母亲孤苦伶仃，少言寡欢；另一方面自然也有为自己谋取更多利益，在宫中安插心腹的意思。那么，这位张昌宗是何许人呢？

和出身低下的薛怀义不同，张昌宗出身于官宦世家。太宗、高宗两朝的名臣，官至尚书左仆射、太子太傅的张行成乃是他的族祖，可谓出身高贵；不仅如此，张昌宗年轻貌美，说是宋玉再世，潘安复生也不为过；更为难得的是，张昌宗通晓音律，又精明过人。这样一个花样美男，自然很得太平公主的宠爱；等他入宫后，对武则天更是曲意奉承，武则天简直是须臾也离不得他。

备极荣宠的张昌宗觉得这样飞黄腾达也是不错的进身之阶。既然能一朝承欢紫袍金带，又何必十年寒窗鱼跃龙门？于是他又向武则天推荐了自己的哥哥张易之。所谓爱屋及乌，武则天对张易之也十分疼爱。这兄弟俩，陡然成了武则天身边最炙手可热的人。

平心而论，这两兄弟的长相确实是无可挑剔。这一点在时人的记载中都有提到，其中以张昌宗的姿色更加出众。尽管在后世，张易之的美色更加为人所知，但其实在武周一朝，张昌宗才是人们公认的第一美男。

武则天曾经将张昌宗与传说中的周灵王太子晋相提并论。据说，太子晋生得一表人才，又"幼有成德，聪明博达，温恭敦敏"，虽然贵为太子，却不慕名利，而是雅好音律，纵情于山水之间，后来受到仙人浮丘公的点化，在嵩山成仙，后人称之为"升仙太子"，尊称为王子乔。武则天对这位仙人很是思慕，曾经为其题写过碑文；而在她看来，张昌宗的神采风姿都足够符合她心目中王子乔的形象。

武三思看穿了武则天的心思，为了讨取这位姑妈的欢心，便大力推崇张昌宗的风采，公开说张昌宗的美貌绝非凡世所有，定是神仙转世托生。武则天听了这话龙颜大悦，一时兴起，便下令制造鹤氅，打造木鹤，让张昌宗盛装华服，骑着仙鹤吹笛而出。果然飘飘而登仙，遗世而独立，仿佛神仙中人。武则天见状自然大喜，从此对张昌宗更加爱不释手。

正所谓"上有所好，下必甚焉"，文武百官见武则天如此这般，自然纷纷奉承。有一次武则天在宫中大宴群臣，一同饮酒赏花。某大臣看到荷花亭亭玉立、不染不妖，便凑趣道："我看六郎（指张昌宗）美貌，仿佛莲花。"话音未落，宰相杨再思立即接道："非也非也，依臣之见，乃是莲花之美貌，仿佛六郎。"此种阿谀奉承之言，虽然肉麻得可笑，但也从侧面说明张昌宗确实英俊潇洒。

和弟弟比起来，张易之的美貌似乎要逊色一筹。不过唐人笔记《朝野佥载》中，却记载了一件五郎事母至孝的轶事。张易之的母亲名叫阿臧，二张兄弟得势以后，阿臧也鸡犬升天，享尽了荣华富贵。而张易之对孝敬母亲尤其上心。据说，他曾经为母亲制作了一架"七宝帐",就是用金银珠玉宝石之类制成帷帐,又用象牙为床,犀角为簟。可谓富丽堂皇,奢侈得前无古人。纵观历史,恐怕也只有后蜀孟昶的"七宝马桶"可以媲美。

不仅阿臧有此待遇,二张的几个弟兄也在兄长荫庇之下纷纷入朝为官,武周末年的洛阳令张昌仪就是其中之一。这位张昌仪甫一为官,便在洛阳大兴土木,建造豪宅,富丽堂皇的程度甚至超过了李唐皇室的诸王和公主。如此举动,自然很容易就引起了时人的不满。有人趁夜间,在他宅邸的大门上写了忠告他不要嚣张的话,可张昌仪根本不以为意,还是我行我素。

可以说,张氏弟兄生活上的穷奢极欲甚至已经到了罔顾伦理的地步。历史上有所谓"虐食"一说,意即为满足口腹之欲,残忍地虐杀动物,制作所谓美食。而张氏弟兄正是"虐食"专家。据说张易之吃鹅,与众不同,他将鹅放在一个大铁笼中,用铜盆盛调味汁放在笼中,然后生火炙烤铁笼,活鹅受热不过,只能喝调味汁解渴,但也只能在铁笼中上蹿下跳,直到活活被烤死。据说这样烤出的鹅十分入味。

后来张昌宗学去了这个办法,变本加厉地将其应用于活驴身上,其形状更为惨虐。更有甚者,据说有一次张昌宗去看望张昌仪,二人说到马肠美味,张昌仪竟然顺手牵过一匹马,一刀将马腹剖开,将马肠一把拉出,现场煎炒。马受痛不过,哀嚎良久方才断气,而这两兄弟就在这惨叫声中言笑晏晏,喝酒吃肉,全然不以为意。

虽然说治大国若烹小鲜,但张氏兄弟在庖厨方面的才能,在政治上完全没有得到体现。张昌仪担任洛阳令时,贪赃枉法,卖官鬻爵。据《资治通鉴》记载,某次一薛姓官员向张昌仪行贿买官,张昌仪便把此事交于吏部天官侍郎张锡。可是张锡由于粗心大意，居然把薛姓官员的简历弄丢了。

这下张锡可犯了难，到底这个买官的家伙叫什么啊？无奈之下他只得再次询问张昌仪。谁知张昌仪眼睛一瞪，骂道："这种事情也来麻烦我？你去把姓薛的都提拔起来不就得了？"挨了一顿臭骂的张锡无可奈何，只得把候选官员中六十余名姓薛的官员全部授予官职。

张昌仪尚且如此，二张兄弟的气焰更不必说。仗着女皇的溺爱，二张兄弟把持朝政，大肆任用私人，败坏朝纲。不少文武百官为了自保，甘愿奴颜婢膝，竭力逢迎二张兄弟，武三思等武氏族人甚至为其牵马执鞭，李旦等皇族子弟为了自保，也只能有样学样。至于那些为数不多，不愿党附二张兄弟的大臣，二张则千方百计罗织罪名，欲除之而后快。

武周后期的宰相魏元忠，由于生性正直，对二张及其门下违法乱纪行为多有惩处。二张怀恨在心，便诬告魏元忠与司礼丞高戬私下议论女皇年纪大，不如侍奉太子长久。为了确保诬告成功，二张又唆使张说做伪证，指证魏元忠确有此等大逆不道的言论。所幸张说在朝中一干正直大臣的忠告下，顶住了二张的威逼利诱，最终没有让二张称心如意。可是，在二张的迫害下，魏元忠还是被贬官，张说也受到牵连，被判流放。

其实，二张这么做乃是醉翁之意不在酒。魏元忠是太子李显的支持者，这一点朝野皆知，而高戬则是太平公主的情夫。二张之所以要扳倒此二人，正是要顺藤摸瓜，让李唐皇族的子弟处于极其不利的位置，进而在朝中享有更高的地位和更多的话语权。

尽管这一次的计划并没有成功，但之前二张向武则天进谗言，称邵王李重润、永泰公主李仙蕙及其夫婿魏王武延基等人互相攻讦，有违"李武盟誓"，成功地让三人被武则天处死，沉重打击了李武两家的势力。虽然没有什么证据证明二张兄弟想要更进一步篡位自立，但二张势力过大，对李武两家势力都形成了压制却是不争的事实，这也导致了武氏家族和李唐皇族对二张的嫉恨和不满。

可以说，二张虽然位居高位，却不懂政治，这种四面树敌的行为无异于在自己的脖子上套上了层层绞索。到武周末期，太子、相王、太平公主、武氏家族以及广大朝臣几乎都与二张面和心不和。特别是忠于李唐家族的朝臣对二张的一家独大更是忧心忡忡，决定采取非常手段改变这一政治局势。武周末期的朝堂之上，一场暴风骤雨即将来临。

神龙政变

武周神龙元年（公元705年）正月的一个晚上，还是春寒料峭的时节，原本应该戒备森严的洛阳禁宫内却纷乱如麻。一队全副武装的羽林军在羽林将军桓彦范和敬晖的带领下冲进宫内，随即占领了各个出入口，并迅速向武则天的寝宫迎仙宫扑去。

惊慌失措的内侍和宫女不知发生了什么事情，吓得乱作一团，四处逃窜，却又被弓上弦刀出鞘的羽林军拦了回来，有不识好歹大声尖叫的，早被羽林军一刀一个砍翻在地，其余人被吓得说不出话来，只得躲在墙角瑟瑟发抖。他们惊恐地看到，紧随羽林军其后进入内宫的，竟然是当朝太子李显，以及凤阁侍郎张柬之、鸾台侍郎崔玄晖、还有司刑少卿袁恕己这几员公认是"太子党"的朝臣。

这究竟是怎么回事儿呢？

武周末年，二张乱政，他们仗着女皇对他们的宠信，毫无顾忌，肆意妄为，甚至连李唐皇室和武氏族人这两支能够左右朝局的重要势力都不放在眼里。这就引起了李武双方共同的不满和紧张，而其中又以李唐皇室的势力受到的压制和打击最大。经过立储风波之后，太子人选终于确定，李唐皇室终于可以在武则天百年之后回归。但是如果二张的势力崛起，受害最深的无疑还是李唐一族，好不容易努力得来的局面将会灰飞烟灭，而武氏一族虽然亦会受到冲击，但由于在立储风波中受到打击，几乎已经退出最高权力争夺，又受到李武盟誓的牵绊，因此反而不会被波及太深。

此外，武氏族人和二张兄弟之间的关系也远较李唐皇室与后者的关系为亲密。武三思在武则天面前对张昌宗的极力褒扬，把他比作神仙中人，这虽然是赤裸裸的溜须拍马，但张昌宗听了也很受用。正所谓投桃报李，张昌宗在武则天面前也极力推崇武三思，称他是当时"十八高士"中首屈一指的高人，简直可以与开国元勋房玄龄、杜如晦等贤臣相提并论。

于是两者的关系一度十分亲密，再加上武氏族人颇多善于逢迎之辈，每见二张兄弟，张口五郎，闭口六郎，执礼甚恭，以奴仆自居，这些招数都让二张对武氏族人颇有好感。相比之下，太子李显、相王李旦，乃至太平公主等人虽然为了自保，也依葫芦画瓢地谄事二张兄弟，但他们周围的一帮朝臣中却不乏心直口快的正义之辈，比如魏元忠正是如此。他们在基层对二张兄弟及其一党的胡作非为每有处理，二张兄弟"恨屋及乌"，自然对李唐皇室的子孙相对要冷淡很多。

更糟糕的是，随着武则天年纪的增长，她的身体越发虚弱。到神龙元年（公元705年）时，垂垂老矣的武则天已是沉疴在身，卧床不起。文武百官，诸王公主甚至太子李显都很难见到她，武则天由于久病，心情烦躁，索性谁也不见，只留下二张兄弟在她身边侍奉汤药。这样一来，二张兄弟便成了武则天和外界沟通的唯一渠道。

这对于李唐皇室,特别是太子李显来说无疑是非常危险的。如果武则天一旦不豫,遗诏就只有二张兄弟看得到。届时如果二张兄弟心生异志,无论是选择自己称帝,还是退一步与武氏家族联手,对李唐皇室诸子孙来说都是致命的打击。

凡此种种原因,都让李唐皇室决定采取非常手段,趁着武则天重病,对朝政控制放松之际,发动武装政变,除掉二张兄弟,拥立太子李显掌握实际权力,以确保万无一失。这一计划由时任凤阁侍郎的张柬之首先提了出来。

张柬之是襄阳人,早年间曾经是太学生,后来考取贤良出身,官至凤阁舍人。可是由于反对武则天侄孙武延秀娶突厥默啜可汗女,触怒了武则天,先后被贬为合州刺史和蜀州刺史。后来,在狄仁杰的再次推荐下,张柬之被重新起用。

由于狄仁杰和姚崇均认为张柬之乃是"宰相之才","沉厚有谋,能断大事",因此得到了武则天迅速的拔擢,升为凤阁侍郎,处理朝廷政事。到神龙元年(公元705年)时,张柬之已经八十岁了,但他仍然雄心勃勃。虽然武则天对张柬之非常看重,但他既能受到名臣狄仁杰和姚崇的推荐,自然在政治上倾向于李唐王朝。他眼见二张乱政,把持朝纲,太子李显之位岌岌可危,便决心先下手为强。在张柬之的出面组织、联络下,一班同样拥立李显的大臣集合在一起,策划了一个铲除二张的政变计划。

政变当然首先要掌握一支可以信赖的军队:张柬之利用职务之便,安排桓彦范、敬晖、杨元琰等人担任羽林将军,以掌握军权;接着他又让桓彦范、敬晖二人以羽林军将军的身份拜见太子李显,趁机向其汇报了政变计划,并希望得到李显的支持。原本胆小怕事的李显见张柬之等人布置周密详细，略加犹豫也就答应下来，并且联络了相王李旦和太平公主一起行动。

李唐皇族成员的加入不仅使这次政变具有了合法性和正当性，也壮大了这一政变集团的势力。除了已经掌握一部分军权的相王李旦外，太平公主也积极配合行动。她虽然是武攸暨的媳妇，但她更是李唐皇室的一员。作为女性，她有更多的机会出入内宫，相比李显和李旦更容易接触到武则天；而作为武家的媳妇，她也有机会接触到当时武氏家族中最有权势的梁王武三思。

因此，太平公主在政变谋划中频频进出于皇宫和武家，密切地注意着武则天和武三思等人的异动，为张柬之提供了大量珍贵的第一手情报，有助于政变集团掌握武则天和武氏家族的最新动向。不仅如此，根据后世史家的研究，太平公主还成功地将武则天甚为宠信的女官——上官婉儿拉到了自己一方。

上官婉儿的祖父是唐高宗时的宰相上官仪，由于上官仪劝高宗废去武后，结果事机不密，被武后发现，落得个身首异处的下场。当时还是小婴儿的上官婉儿也随母亲被降为宫中的婢女。不过上官婉儿遗传了祖父的诗文才华，又受到母亲的悉心培养，年纪稍长，就以诗文闻名。

武则天得知此事，便把上官婉儿提拔起来，留在自己身边，负责各种类似于今天文艺沙龙的活动；后来武则天年老力衰，上官婉儿又替女皇起草诏书，参与朝政，逐渐掌握了一部分政治权力。可以说，除了二张兄弟外，上官婉儿也是武则天身边的心腹。

野史中记载，上官婉儿曾经与张昌宗私通，结果被武则天发现，处以黥面之刑，而上官婉儿为了遮挡受刑痕迹，发明了"梅花妆"和

"上官髻"。由此观之,上官婉儿与二张兄弟交情莫逆,怎么会倒向李唐皇室一方呢?

其实这是小说家言,不足为信。作为一个从小就受到政治斗争牵连,后来又有丰富政治经验的宫廷女性,上官婉儿对当时的政治局势还是很清楚的。二张虽然声势煊赫,但完全系于女皇一身,可谓无本之木无源之水。两相比较,倒不如投向未来的皇帝一边。也正是因为上官婉儿的加入,政变的成功指日可待。

万事俱备,只欠东风。神龙元年(公元705年)正月,京城忽然传出了二张兄弟"潜图逆乱"的流言和揭帖。这一消息的来源很可疑,也许确有其事,也许只是政变集团为发动政变炮制的又一条件。

总之,政变集团以这一消息为理由,于某日深夜在张柬之、桓彦范、敬晖、崔玄暐、袁恕己等人的组织下,联合左羽林将军李湛、李多祚,右羽林将军杨元琰,左威卫将军薛思行等人,率五百余名羽林军杀入宫中。

此时的张昌宗、张易之兄弟俩正在寝宫内服侍武则天准备就寝,闻听外面隐隐传来的脚步声和哭喊声,不禁心中生疑,连忙起身走出殿门查看,谁料正与冲进殿来的羽林军撞个满怀。桓彦范和敬晖一声令下,羽林军刀枪并举,可怜一对花样美男,顷刻间横尸当场。随后赶来的太子李显在张柬之等人的陪同下进入武则天的寝殿,向武则天"请安"。

武则天一生经历无数险恶的大风大浪,早就明白了是怎么回事。正所谓输人不输阵,作为女皇的威严还是要保留的。她强打精神,威严地坐在龙榻上,喝问这是怎么回事。此时的李显早已被母亲吓得瞠目结舌,还是张柬之向武则天禀报,说二张兄弟谋反,太子率一干大臣入宫清理宫闱捉拿叛逆云云。并且要求女皇退位,传位太子。

此时的武则天,已经没有精力和实力再与蓄谋已久的政变集团对抗了。她接受了这个事实,宣布由李显暂时监国。经过这场史称"神龙政变"的政治斗争,武则天终于退出了政治舞台,而李唐皇室则回到了帝国的中心,重新掌握了至高无上的权力。

从皇帝变皇后

所谓政变,不过是利益的重新分配。神龙政变之后,朝中的政治格局发生了很大的变化。伴随着武则天从政治舞台上的谢幕,原本权倾一时,炙手可热的二张兄弟彻底倒台;而李唐皇族则终于扬眉吐气,重新回到了阔别多年的政治舞台的中央;至于武氏族人以及朝中的文武百官,则皆视其政治倾向或加官晋爵,或丢官罢职,正可谓但见新人笑,不见旧人哭。

二张兄弟在政变当夜,就被劈头撞上的羽林军乱刀砍死,张昌宗和张易之这俩兄弟恐怕做梦也没有想到,自己会以这样一种悲惨的方式结束生命。然而事情还没有完,在张柬之等人的命令下,二张兄弟的尸首被挂在了天津桥南示众。由于这两人平日里仗着武则天的宠信,不仅自己气焰熏天,为所欲为,还放纵自己的手下横行不法,把洛阳城弄得乌烟瘴气,士庶百姓早就恨透了这两个小白脸。

如今见此情景,他们自然是奔走相告,欢呼雀跃,更有甚者,将二张兄弟尸首上的肉一刀刀割下来以泄愤。只不过一夜的光景,曾经辉煌一时的二张兄弟就只剩下两具白骨在风中飘荡。正所谓覆巢之下，安有完卵，张昌仪、张同休等张氏族人也都被处死，而党附二张兄弟的一干文武大臣如宋之问、杨再思等人也罢官的罢官，流放的流放。二张兄弟的势力彻底烟消云散了。

与此相反的则是李唐皇室和政变集团的一步登天。李显自不必说，在象征性地担任了半个月"监国"之后，他就堂而皇之、名正言顺地登上了皇位，重新恢复了皇帝的身份。随即他就对政变中的有功之臣大加封赏：亲弟弟李旦被加封为安国相王，又担任了一品太尉、知政事的要职，不久还差点儿被立为皇太弟，可谓一人之下，万人之上；而妹妹太平公主也厥功至伟，被加封为镇国太平公主，并且颇为难得地享有开府建衙设置官署的特权，这就意味着太平公主可以合法地、公开地参与政务，享有了相当程度的政治权利。

一人得道，鸡犬升天，甚至连两耳不闻窗外事的武攸暨也被升为亲王。不仅如此，相王和太平公主还获得了丰厚的经济赏赐，二人的封户分别由一千户和三百户猛涨到五千户，其配偶子女也各有封赏，至于金银珠宝、绫罗绸缎更是数不胜数，生活标准也参照皇宫一体对待。李唐皇室的子弟终于回到了朝堂之上，难道威风一点不应该么？

当然，政变集团的官员们一夜之间也纷纷紫袍金带，位极人臣。唐中宗封张柬之为汉阳王、敬晖为平阳王、桓彦范为扶阳王、袁恕己为南阳王、崔玄晔为博陵王，时人合称"五王"，故而神龙政变又称为"五王政变"。不仅如此，唐中宗又把他们封为宰相，可谓大权在握，其他参与政变的羽林军将领也各自升官受赏。政变集团一跃而成为朝廷中一股重要的势力。

武氏族人在政变中没受到什么毁灭性的冲击，只是武氏诸王的爵位象征性地降了一级而已，武氏一族依然在朝中享有一定的话语权。其实，在政变集团中，也有人想到过要一鼓作气，趁势将武氏族人连根拔除。洛州长史薛季昶曾经对敬晖建议过，武三思等人是像西汉吕禄、吕产那样的外戚，他们的存在一定会对李唐皇室造成威胁，不如趁政变集团势力正大之时将其一举剿灭，解除后顾之忧。敬晖将此话转达给张柬之，但张柬之出乎意料地没有同意。薛季昶得知此事后，虽然十分忧虑，但也只能徒唤奈何。

张柬之这么做的原因，可能是因为虽然武氏家族一度同二张走得非常之近，但在李重润事件中，武延晖也被株连其中，武氏家族算得上半个受害者。而且武氏家族的兴衰，几乎维系于武则天一人身上，如今政变过后，武则天已是束手待毙，武氏家族大概也会随之一蹶不振。何况，还有个煞有介事的李武盟誓束缚着双方的行动，谅来武三思等人也掀不起多大的风浪了。

基于这些想法，张柬之便以"让陛下自行解决武氏族人，以便立威"的借口，拒绝了这个建议。可惜张柬之最终还是棋差一着，武氏族人虽然有赖于武则天，但并非如二张兄弟般是无本之木、无源之水，而是也有自己的私人势力。此外，唐中宗回京以后，与武氏一族交好，结成了错综复杂的姻亲关系，在这种情况下，李显怎么会举起屠刀诛戮自己的儿女亲家呢？果然不出薛季昶所料，没过几年武三思便勾结韦后，重新把持朝政，反而将五王挤出了朝廷。

曾经的女皇武则天，如今却是落寞无比。就在李显登上皇位的第二天，武则天就从迎仙宫中迁出，在宗室李湛率领的羽林军的监视下，迁至上阳宫被软禁起来。此后，虽然李显每十天还会去看望一次母亲，但这更像是例行公事而不是母子亲情的真实流露。正所谓树倒猢狲散，文武百官也不太拿这位陛下当回事儿。李显初次率领文武百官赴上阳宫看望武则天时，居然有不少王公大臣，笑逐颜开。

对于这种情况，武则天却根本无法可想，尽管她现在还是"则天大圣皇帝"，但没有丝毫权力，只能眼睁睁看着李显改弦更张，不仅恢复了唐的国号，还将郊庙、社陵、陵寝、百官、旗帜、服色、文字等悉数改回了唐高宗时的样子，就连国都也重新迁回了长安。看到自己苦心经营数十年的政治制度一转眼间灰飞烟灭，这给她精神上带来的冲击要远胜于病痛给她身体上带来的打击。

武则天迅速地衰老了。原本她虽然有八十二岁高龄，但由于注意饮食起居，又保养得当，看上去并不显老。自从搬到上阳宫后，她每日不事梳洗，不施脂粉，以至于"形容羸悴"，甚至于让前来看望的唐中宗大惊失色。最终，在度过了郁郁寡欢的十个月后，一代女皇武则天终于撒手西去。在临终前，她在遗诏中宣布去掉帝号，决定以李唐皇室媳妇的身份去见早已长眠于地下的婆家人。

女皇虽死，政治风波却仍未停止。围绕着武则天下葬的问题，又引起了新的争论。原来武则天在遗诏中要求与高宗合葬乾陵，但以给事中严善思为首的一干大臣却认为若重新掘陵合葬，无异于以卑动尊，不合礼制。这一观点无疑立刻遭到了武氏族人的坚决反对。双方争执良久，最后武三思借助韦后和上官婉儿说服了唐中宗，决定执行武则天遗诏。神龙二年（公元706年）正月，武则天的灵柩在唐中宗的护送下回到长安。五月，正式下葬于乾陵。

今天，在陕西咸阳的西北方向五十公里外，仍然可以看到高宗夫妇合葬的乾陵。在这安息着两位帝王的陵寝前面，并立着两块巨大的石碑，西侧的一块叫"述圣碑"（或称述圣纪碑），是为高宗歌功颂德之碑，黑漆碑面，其上有武则天为李治亲自撰写的五千余字的碑文，字填金粉，光彩照人。

东侧的石碑，以完整的巨石雕琢而成，给人以凝重厚实、浑然一体之感。碑首雕刻有八条螭龙，巧妙地缠绕在一起；两侧有升龙图，各有一条腾空飞舞的巨龙；阳面有线刻的狮马图。它就是中国历史上的女皇帝——武则天的无字碑。

自古道："人过留名，雁过留声。"多少人为了留名，费尽心机为自己树碑立传。然而武则天为自己立的无字碑到底是何用意呢？是她无功可表，还是已经看透世事、释然地离去，想用无字的空白，留给后人一份神秘的答卷，让历史去填写自己的功过是非呢？人们纷纷猜测武则天立无字碑的原因，最主要的说法有三种。

一说武则天认为自己功高德大，不是文字所能表达的。翦伯赞觉得："武则天是自认为她在位时，扶植寒弱，打击豪门，发展科举，奖励农桑，继贞观之治，启开元全盛，政绩斐然，彪炳史册，远非一块碑文所能容纳，留下空碑一座，以示自己功高盖世。"

二说武则天自知罪孽深重，立了碑文恐怕更招世人骂，还是不写为好。认为武则天建立大周朝之后，内心感觉愧疚不安，一心想在自己死后将江山归还李唐，因而留下无字碑表示赎罪的决心。

三说武则天想让后人去评说她的一生。武则天作为一个女流之辈，却能在政治斗争中脱颖而出，并到达了权力的巅峰。她要后人客观地评价她的文治武功，雄才大略，而与自己既有利益冲突又有血缘关系的李显肯定不会对自己做出客观、公允的评价。所以，武则天干脆将自己的一生功过是非交与后人评说。

在这三种说法中,第三种最为后世之人所认同,从这个角度来看,那些立碑撰写自己丰功伟绩的古代帝王们,与这位褒贬不一、颇具争议的女皇相比,都未免有邀功请赏之嫌了。正是因为有如此的气度与姿态,才能在男人的"天下"建立自己的王朝。

武则天的执政为已经趋于完美的唐朝,加入了更动人的一笔,一直以来被压抑、被束缚的女性,在这个开放、宽容的盛世获得了"自由"与地位。

第五章
征战四方,谁说女子不如男

轻敌的下场很悲惨

也许是由于武则天太过强势,而唐高宗也确实惧内——毕竟他和上官仪废后不成的事情实在太过经典,所以唐高宗的文治武功往往被武则天的光辉所掩盖,逐渐湮没在历史的尘埃中。时至今日,在人们的一般印象中,唐高宗更多是个懦弱无能、庸庸碌碌的庸主。其实,在唐高宗时代,唐帝国在军事方面取得了极其可观的成就,甚至超过了人们一直津津乐道的唐太宗时期。

唐高宗即位之初,首先面临的是突厥部分汗国的侵扰。虽然唐太宗时期,颉利可汗已经被俘并表示降服,但仍有一些小部落继续在突厥领地上活动,阿史那斛勃就是其中势力较大的一支。颉利可汗被俘后,阿史那斛勃被推举为新的可汗,号称乙注车鼻可汗,在阿尔泰山之北收罗颉利的散兵游勇三万余人,实行休养生息的政策。乙注车鼻可汗一边拒绝向唐朝进贡,一边打算重新恢复对漠北敕勒各族的统治。

唐高宗自然不会放任这部分突厥势力继续对西北边境造成威胁,渭水之盟的一幕绝对不能重演。永徽元年(公元650年),唐高宗命右骁卫郎将高侃率兵远征漠北，高侃联合回纥、仆骨等部落，将尚未恢复元气的突厥诸部打得大败，乙注车鼻可汗也在阿尔泰山被唐军俘获并被押送至长安。

不过，执行羁縻政策的唐高宗并没有处死乙注车鼻可汗，而是赦免了他，并任命其为左武卫将军，又命其率余部迁居今蒙古共和国杭爱山一带。为了彻底控制突厥势力，唐高宗设立了狼山都督府管理此地，下设单于都户府、瀚海都护府及二十二个州，采取以夷治夷的措施，委派当地部落首领分别担任刺史和都督。

不过，突厥各部并没有因此全部臣服。唐太宗时击败与唐朝作对的乙毗咄陆可汗，又扶持亲唐的乙毗射匮可汗后，采取了怀柔政策，大量招降乙毗咄陆可汗的余部并为己所用。其中统治处月、处密、哥舒、葛逻禄、弩失毕五个部落，占据巴尔喀什湖一带的叶护阿史那贺鲁也在唐朝的压力下归顺。唐朝对阿史那贺鲁十分重视，立刻封其为昆丘道行军总管，负责攻略西域。

后来唐太宗在阿史那贺鲁的属地设立瑶池都督府，又加封其为左骁卫将军、瑶池都督，而其统治的地区便是西突厥。不料唐太宗死后，阿史那贺鲁自以为"天可汗"一去，无人能驾驭得了自己，便渐生反意。

唐永徽二年（公元651年），在其子咥运的怂恿之下，阿史那贺鲁举起反旗，进攻乙毗射匮可汗。毫无防备的乙毗射匮可汗根本不是蓄谋已久、骁勇善战的阿史那贺鲁的对手，被打得大败，西州、和庭州尽皆沦陷。

随即，阿史那贺鲁招降西突厥各部，在今吉尔吉斯山一带设立牙帐，自称沙钵罗可汗，又封咥运为莫贺咄叶护。一时间，咄陆五啜、弩失毕五俟斤、处月、处密诸部落及西域诸国全部望风归降，阿史那贺鲁的势力达到数十万之众，刚刚平定的西域再次面临着分裂的危险。

唐高宗当然不会对西突厥的再次崛起坐视不理，他很快做出了反应。永徽二年（公元651年），唐高宗命右骁卫大将军契苾何力为弓月道行军总管，与左武卫大将军梁建方共同率领由三万府兵和五万回纥骑兵组成的大军西征阿史那贺鲁。第二年春天，唐军率先碰上了西突厥的处月部。

一场大战过后，唐军虽然远道而来，却骁勇异常，大破处月部，杀死敌兵九千余人，生俘一万余人，各种牲畜七万余头，处月部的各级酋帅六十余人尽皆做了唐军的阶下囚，就连首领朱邪孤注也未能幸免；与此同时，契苾何力也在与处密部的战斗中获得胜利。可是不知为何，唐军在此一战后居然班师回朝，并未与阿史那贺鲁所部做正面接触。

经过了几年的厉兵秣马，唐军于永徽六年（公元655年）再次西征。

这一次的统帅，乃是大唐开国元勋程知节——也就是民间传说中的程咬金。与《说唐》中的一勇之夫的形象不同，历史上的程知节乃是一员有勇有谋的大将。派他出征，可见唐高宗对此次西征的重视。一开始，唐军也确实没有辜负唐高宗的期望。

显庆元年（公元656年），唐军与西突厥主力部队在今焉耆一带遭遇。双方混战良久，正在僵持不下之时，唐军先锋苏定方率领五百轻骑出击，以奇兵攻击西突厥军侧翼，敌兵顿时四散溃逃。经此一役，虽然苏定方追杀二十余里，斩杀敌军一千五百多人，获得大量马匹器械辎重,但唐军自身也损失惨重。

见此状况,行军副总管王文度贪生怕死,居然假传圣旨"以程知节恃勇轻敌,委王文度为之节制",从而篡夺了指挥权。之后,王文度一改唐军之前轻骑急进,寻求敌军主力决战的战略,一味防守,按兵不动,唐军因此错过了趁敌军新败,人心浮动,一鼓作气歼灭西突厥军的最佳机会。

不仅如此,在唐军抵达西突厥重镇恒笃城时,有数千突厥人前来归降,王文度却拒不接纳,先是纵兵肆意劫掠财物,又进行了残酷的屠城。受此影响,西突厥几乎再也没有主动归顺唐军者,反而坚壁清野,死守城池。这让远道而来的唐军受到了很大的阻力,数次攻势未果后,最终因士气低落,粮草不济,狼狈退兵。唐军的第二次行军以失败告终。

唐高宗对这一次用兵失败可谓失望已极。他很快就查明了王文度矫诏杀降的事实真相,并罢免其官职,下狱治罪;程知节虽然无甚大错,也因为此次的战败被免去官职。环顾诸将,只有苏定方在此次西征中的表现可圈可点,唐高宗对其甚为欣赏,决定破格提拔其为伊列道行军总管,率燕然都护任雅相、回纥婆润、副都护萧嗣业等再次讨伐西突厥。

和德高望重的程知节相比,苏定方的资历其实并不算浅,只不过他早年先后在窦建德和刘黑闼麾下为将,很晚才归顺唐朝,因而一直得不到重用。其实在唐军第二次西征时,他的胆识和魄力就已经脱颖而出。当王文度矫诏篡夺军权时,苏定方曾经建议程知节反戈一击,监禁王文度,同时飞马向唐高宗禀报此事,可惜程知节并未听从。后来王文度在恒笃城杀降,苏定方又强烈反对其做法,在烧杀抢掠的唐军中，只有他的部下按兵不动。所有这些，都显示出苏定方作为一名名将的素养。

显庆二年（公元657年），唐军在苏定方的统率下第三次西征。这一次，唐军做了万全的准备，部队中还有西突厥部贵族阿史那弥射、阿史那步真同行，他们被任命为流沙道安抚大使，负责招安西突厥各部。到年底，苏定方军首先击溃并招降了处木昆部，紧接着便在额尔齐斯河边遇到了亲率十万大军前来应战的阿史那贺鲁。

苏定方略施小计，只亲率万余精兵前往交战。阿史那贺鲁见唐军兵少，顿时生出轻慢之心，于是也顾不得什么战略战术，一股脑儿地向唐军杀来，企图利用人数上的优势，将其一举歼灭。面对来势汹汹的西突厥军，苏定方命步兵构建阵势在南原死守，自己则率骑兵在北原待机。结果西突厥军的三次冲锋都未能攻破苏定方精心构建的步兵阵地，正在士气低落，人困马乏之时，苏定方的骑兵从北原杀出，将西突厥军冲得七零八落，唐军步兵也趁势反攻，两路兵合一处，追杀三十余里，斩首数万人之多。

几乎全军覆没的阿史那贺鲁带着残部继续向西逃窜，苏定方却并不给他可乘之机，率军紧紧咬住阿史那贺鲁。此时正值冬天，寒风凛冽，天降大雪，行军极其困难。有将领请求苏定方扎营休整，待天晴再行追击。苏定方却不以为然，他指出，在这种天气下，阿史那贺鲁必然也认为唐军不会紧追，因此便会放慢逃遁的速度，我军正好借此机会接近敌人，杀他个措手不及。

事实证明，苏定方的决策是正确的。唐军昼夜兼程，直扑阿史那贺鲁牙帐所在之处，却见自以为在恶劣天气掩护下高枕无忧的阿史那贺鲁正在与部下围猎寻食，唐军当即发起进攻。阿史那贺鲁措手不及，又被杀得大败，损失数万士兵。势穷力竭的阿史那贺鲁只得狼狈逃窜到石国，却在苏咄城被城主伊涅达干逮捕并献给了随后赶至的萧嗣业。至此，西突厥汗国灭亡了。

为了更好地管理西突厥的土地，唐高宗在咄陆五啜所部设置了昆陵都护府，在弩失毕五俟斤设置蒙池都护府，分别以阿史那弥射和阿史那步真为都护。其下又分别设置数个都督府，以部落首领为都督。两都护府则均隶属于安西都护府管辖，后来又转为北庭都护府管辖。

东、西两突厥的平定使唐朝的西北边境解除了警报，也使唐朝的势力扩展到葱岭以西，达到了唐代疆土的最大范围。正是有了唐高宗时对西域的数次用兵，保障了这一地区的和平稳定，才能有后来盛唐时期繁荣的对外贸易，进而推动了中原和西域的经济文化交流。

经略东北亚

自公元5世纪以来,朝鲜半岛上逐渐形成了高句丽、新罗和百济三个较大的国家,被后世史家称为"三国时代"。其中高句丽屡屡同中原政权发生战争。早在隋代,隋炀帝就曾数次征伐高句丽,人数达到百万之众,但均无功而返,还引发了隋末农民战争。

唐太宗晚年也曾发动对高句丽的战争,但在高句丽实际统治者渊盖苏文的抵抗下,唐军始终未能获得实际的战果。唐太宗去世后,由于唐高宗忙于平定东、西两突厥,对高句丽的征讨就暂时被搁置在了一边。显庆二年(公元657年)西突厥灭亡之后,唐高宗的目光又重新转向了东北方。

在此时的三国中,高句丽始终与唐保持敌对关系,百济对唐政策摇摆不定,而新罗则始终与唐交好,欲借助唐的力量扩展在朝鲜半岛的势力。因此高句丽为了清除唐在朝鲜半岛的影响,解除对唐作战时的后顾之忧,便拉拢百济,展开对新罗的作战。由于高句丽在三国中国势最为强盛,又兼之百济在侧翼的策应,使新罗疲于应付,在两国联军猛烈的攻势下节节败退。

新罗武烈王金春秋只得遣使赴唐请求援兵。唐高宗决定出兵干预。显庆三年（公元658年），已升为东夷都护的程名振同右领军中郎将薛仁贵出兵，攻占了高句丽的赤烽镇，并击败前来救援的高句丽大将豆方娄；第二年，薛仁贵又在横山击破了高句丽大将温沙门。

平心而论，在这几次战斗中，唐军虽然均取得了上风，但并不足以对整个战局产生决定性的影响。唐高宗及唐军诸将逐渐意识到，与其与高句丽做硬碰硬的正面对抗，倒不如先剪除其羽翼。显庆五年（公元660年），高句丽与百济联军再次攻打新罗，在新罗的求救下，唐军再次出兵。

不过，这一次唐军采取的是围魏救赵之计，由胶东半岛渡海，直扑百济后方。百济慌忙在熊津江口布阵迎击唐军，但被身经百战、足智多谋的苏定方打得大败。唐军连战连捷，进逼百济都城泗沘。与此同时，武烈王以金庾信为大将，发兵五万反攻百济，在黄山全歼百济大将阶伯率领的五千人马，并与唐军会师于泗沘城下。百济义慈王及太子孝只得慌忙逃至熊津，并最终向苏定方投降。

消息传出，尚在泗沘自立为王、笼城坚守的义慈王次子泰也只得开城投降。存在了六百余年的百济至此灭亡。其后，唐高宗在百济故地分别设置了熊津、马韩、东明、金连、德安五个都督府，下辖各州县，并委派当地部落首领担任都督、刺史与县令。

百济的灭亡，让高句丽陷入了腹背受敌的不利局面之中，彻底攻灭高句丽的客观条件已经成熟了。受此大胜激励的唐高宗决定一鼓作气，攻下高句丽，完成隋炀帝和唐太宗都未能完成的事业。

龙朔元年（公元661年），唐高宗组织了三十五万唐军，兵分两路合攻辽东。北路军分别由辽东道行军大总管契苾何力、浿江道行军大总管任雅相、夫余道行军总管萧嗣业、镂方道行军总管程名振、沃沮道行军总管庞孝泰和含资道行军总管刘德敏等部组成，渡过辽水直扑高句丽都城平壤；南路军则由平壤道行军大总管苏定方、平壤道大总管刘伯英与新罗联军组成，取道百济从南进攻。

唐军的这一次进攻可谓准备充分，声势浩大，而且在作战初期也确实取得了一系列的胜利。然而正所谓天有不测风云，先是契苾何力和萧嗣业所部为了抵挡铁勒部的突然入侵不得不返回中原，削弱了唐军的力量；紧接着本已进抵平壤城下的唐军又遭遇了罕见的暴雪和低温天气，对此毫无准备的唐军缺乏御寒装备，冻死冻伤甚多，士气低落。渊盖苏文趁机率兵反击，龙朔二年（公元662年），在蛇水之战中，渊盖苏文全歼唐军庞孝泰部，庞孝泰及其十三个儿子全部战死。

唐军在北方战场虽然进展颇为不顺，但在南方打了一场漂亮的胜仗。原来，百济虽然灭亡，但其大将鬼室福信和浮屠道深却誓死不降。他们不仅坚守周留城抵抗唐军，还从日本迎回之前作为人质的王子扶余丰，立其为新王。

日本与百济素来关系密切，考虑到百济的灭亡将极大削弱日本在朝鲜半岛的影响力，日军决定出兵帮助扶余丰复国。日本齐明七年（公元661年），齐明天皇亲率数万大军远征朝鲜。尽管齐明天皇于途中病逝，但新任天智天皇并没有中止出兵。在安昙比罗夫、阿倍引田比罗夫等将领的率领下，日军于当年九月抵达朝鲜半岛。扶余丰也在日军的护送下进入周留城登基称王。

此时驻守百济的是刘仁轨和刘仁愿二将，两人名字虽然相近，却并没有什么亲戚关系。刘仁轨原本是文官出身，由于曾经得罪了武则天的宠臣李义府，还险些被杀头，唐军征伐百济时，他也只是以平民的身份在军中效力。不久留守百济的熊津都督王文度病逝，武则天独具慧眼，诏令刘仁轨替代之。能够提拔一个以戴罪之身出征，并且从来没有带兵经验的文官担任这一职务，可见武则天的过人之处。

刘仁轨并没有辜负武则天的期待。本来，由于唐军在北路进展不利，在鬼室福信的指挥下，百济各地的反唐情绪高涨。唐军因此处于非常被动的局势，刘仁愿甚至一度被围困在泗沘城内。在这种情况下，唐高宗已经决定南北两路同时撤军休整，他诏令刘仁轨便宜行事。

但刘仁轨并不打算撤退，他认为如果此时一撤，则无异于前功尽弃，百济将会死灰复燃。而且，百济军以为唐军要撤退，防守必然松懈，倒不如趁此机会反攻，将其一举歼灭。果然，刘仁轨率军连战连捷，猝不及防的百济余部被打得节节败退。此时唐高宗又派出孙仁师率七千援军与刘仁轨会师，而新罗也重新发兵攻入百济，双方合兵一处，直逼周留城。就在此时，鬼室福信由于功高震主，被扶余丰以谋反的罪名诛杀，百济人心浮动，岌岌可危。

日军不得不出手了。先是上毛野稚子率领的日军前锋两万七千余人攻陷了沙鼻歧、奴江二城，有将新罗与唐军的联系通道切断之虞，紧接着天智天皇又派出了一万余人的援军登陆朝鲜半岛。结果，双方在周留城附近的白江入海口处狭路相逢了。

这是中日历史上的第一次战争，史称"白江口之战"。一万余名日军乘坐千余艘战船，气势汹汹地向唐军率先发起了进攻。唐军虽然仅有七千余人，一百七十余艘战船，在数量上处于劣势，但唐军战船高大坚固，性能优越，而且训练有素。

相比之下，日军毫无战术素养，只是凭着蛮勇盲目冲杀。连《日本书纪》也承认日本是以"乱伍中军之卒，进打大唐坚阵之军"。结果，在唐军火矢战术的攻击下，日军舰船被焚毁四百余艘，大将朴市田来津也在阵中战死。日军连败四阵，溃不成军，"烟焰涨天，海水皆赤，贼众大溃"。白江口之战以唐军的大胜而告终。经此一役，百济再无战力。

扶余丰流亡日本，而困守在周留城的百济余部和日军残军也只得开城投降。至此百济全境臣服。白江口之战深深地影响了东北亚局势，日本自此认识到唐的强盛，开始大规模派遣遣唐使赴唐学习，致力于引进先进文化，而且在此后九百多年中都不敢对朝鲜半岛用兵。

百济既灭，高句丽已是危在旦夕。没过多久，唯一能够抵抗唐军的渊盖苏文也在乾封元年（公元666年）去世了。高句丽随后发生内乱。渊盖苏文的次子渊男建、三子渊男产趁继承父职的长子渊男生外出视察军情时，宣布渊男生已叛逃至唐，他们控制了平壤并通缉渊男生。走投无路的渊男生只得投靠唐朝。

趁此良机，唐高宗以平定高句丽政变为名再度出兵。此次出兵由开国元勋李𪟝挂帅，由于有渊男生带路，许多高句丽将领都放弃抵抗，开城投降，这大大减轻了唐军的阻力。

到第二年九月，李𪟝攻下了高句丽的重要据点新城，高句丽随即派兵反攻，却被薛仁贵杀退，还趁势攻占了南苏、木底、苍岩三城，进逼鸭绿江畔。转过年来，薛仁贵又以三千人马攻下有万余高句丽军据守的扶余城，一战扬名。高句丽军慑于薛仁贵之威名，纷纷不战而降。

总章元年（公元668年），水陆两路唐军在平壤城下会师。除了死硬到底的渊男产和渊男建之外，高句丽已经没人再想与唐军为敌了。九月，僧人信诚偷偷打开平壤城门，唐军攻占平壤。与此同时，渊盖苏文的弟弟渊净土也向新罗投降。高句丽至此灭亡。隋唐以来历代帝王的心愿终于实现了。

虽然渊男生还健在，但高句丽的领土当然不会还给他。唐高宗在平壤设置了安东都护府，以右威卫大将军薛仁贵担任检校安东都护，率两万唐军驻守其地，下设五部，九个都护府、四十二个州、一百个县。不过，唐帝国的扩张也引起了意图一统朝鲜半岛的新罗的敌视。双方随即发生了所谓"罗唐战争"。战争结束后，双方确定了以大同江为分界线，同时新罗重新成为唐朝的藩属国。

唐帝国对东北亚的经略至此告一段落，然而，西南方的吐蕃又向新兴的唐帝国发起了进攻。

联姻不好使

作为一个和唐帝国差不多同时兴起的新兴国家,吐蕃必然也有着扩张的野心和欲望。如同从唐太宗到唐高宗时期唐帝国的对外扩张一样,吐蕃也希望能够冲出高原,拥有更广袤的土地,掳获更多的奴隶,获取更多的财富。因此,作为毗邻的两股势力,彼此的冲突简直是不可避免的。

尽管在唐太宗时期,唐朝和吐蕃通过和亲建立起了相对和平的双边关系,但无论是禄东赞求亲还是文成公主进藏,都无法从根本上消除扩张所带来的矛盾。随着唐太宗和松赞干布先后去世,双方重新点燃了战火,而唐高宗时代仅仅是这场持续数百年的冲突的开始。

首先发难的是吐蕃。在松赞干布时代,吐蕃虽然与唐保持着良好的关系,但与此同时,吐蕃也积极向外扩张。到永徽元年(公元650年)松赞干布去世后,由于继任赞普芒松芒赞年纪尚幼,担任大相的禄东赞成为实际掌权者,他对内推行经济、政治和法律上的一系列改革,对外则积极扩张,先后征服了今阿里地区和后藏地区,将势力推进到今天的青海一带。显庆四年（公元659年），吐蕃又对吐谷浑发动了进攻。

自唐太宗派遣李靖和侯君集击破吐谷浑，迫其臣服，又实行和亲政策，将弘化公主嫁与其国王诺曷钵之后，吐谷浑一直与唐保持着密切的关系，成为唐在西方的重要屏障。因此，此次吐蕃的进攻，从某种意义上来说也是对唐朝的挑衅。在兵精粮足的吐蕃军面前，深陷于王室内讧的吐谷浑节节败退，不得已向唐高宗求援。

可是唐高宗却并未答应吐谷浑出兵的请求，而只是一而再、再而三地遣使申斥吐蕃，又以拒绝吐蕃的和亲要求作为惩罚。这些不痛不痒的措施当然不可能对吐蕃有什么实际影响。到龙朔三年（公元663年），吐谷浑重臣素和贵叛逃吐蕃，在其引路下，吐蕃攻灭吐谷浑，为其北进、东扩、西侵的战略打开了一个至关重要的缺口。

吐谷浑的灭亡，不能不说是唐高宗的战略性失误。但彼时的唐军主力正在朝鲜半岛，也确实无暇西顾。而且，由于吐蕃至少在形式上还保持着对唐朝的臣属关系，双方总算没有撕破脸皮，朝中大臣对吐蕃的态度或和或战，莫衷一是，数次讨论都无法达成一致。

最终唐高宗只得将吐谷浑余部整体迁徙至凉州一带，算是默认了吐蕃攻占吐谷浑的事实。而禄东赞则将吐谷浑故地改名为"阿秦"，长期居留于此地，招抚吐谷浑旧部，厉兵秣马，磨刀霍霍，将其作为下一步扩张的桥头堡。

唐朝的无动于衷让吐蕃扩张的底气更足了。禄东赞去世之后，其子赞悉若、论钦陵先后继任大相之职，继续把持吐蕃朝政，坚持禄东赞既定的方针政策。在噶尔氏家族的治理下，吐谷浑逐渐接受了吐蕃在这一地区的霸权地位，后来吐谷浑各部派人赴逻些朝见吐蕃赞普，并开始向吐蕃纳税。

在稳定而有效地控制了吐谷浑之后，吐蕃开始入侵西域。吐蕃名将论钦陵率兵进驻吐谷浑，并随即挥军西进，先后攻下十八个臣属于唐的羁縻州，紧接着又与叛变唐朝的于阗合兵，攻下安西都护府所在地，龟兹的拨换城，焉耆、疏勒也相继沦陷。一时间，唐朝在西域所设的安西四镇全部丢失，唐朝的势力有被逐出西域之虞。

这次，唐朝再也坐不住了，当即任命在战场上大显神威的薛仁贵为逻娑道行军大总管，以阿史那道真、郭待封为副将，以护送吐谷浑王诺曷钵回国的名义，率军五万人大举西征。薛仁贵率军抵达青海湖畔的大非川，命郭待封率二万人的辎重部队留守此处，然后亲率精兵星夜前进，突袭吐蕃军，并乘胜攻占乌海城。唐军的进展似乎非常顺利。

然而，在唐军初战告捷的背后，隐藏着诸多危机。首先，远道而来的唐军对青藏高原的特殊天气和地理情况极其不适应，无论是行军还是作战都受到了极大的影响。其次，此次作战所派出的将领彼此不和。薛仁贵之所以将郭待封留在大非川，部分原因是他同此人并不相睦。

用人不疑，疑人不用，薛仁贵不久就尝到了排兵布阵失误带来的苦果。郭待封竟然违抗军令，擅自率军前进争功，结果被论钦陵闻讯调集的二十余万大军打得大败，唐军的粮草辎重也悉数落入吐蕃军之手。正所谓兵马未动，粮草先行，失去补给的唐军事实上已经不可避免地走向了失败。

接到噩耗的薛仁贵只得退至大非川死守。稳操胜券的论钦陵不紧不慢地调动兵力将唐军重重围困数月，薛仁贵虽然组织兵力拼死抵抗，无奈唐军无险可守，又陷入断粮的危机，最终只得咽下失败的苦果。虽然按照《资治通鉴》的记载，唐军"与钦陵约和而还"。但事实上经此一败，吐谷浑的复国希望彻底破灭，从此青海湖地区彻底纳入了吐蕃的势力范围。

此后，吐蕃已经威胁到河西走廊地区，并且为了获取更多的利益，与唐朝展开了对丝绸之路的反复争夺。而薛仁贵一世英名也随大非川一战顷刻化为乌有，他与郭待封一同被削去了官职。

唐朝当然不会坐视吐蕃的继续坐大。唐高宗委任刘仁轨为洮河道行军镇守大使，又紧急调遣剑南、山南两道派兵进驻西部边境，同时在内地重新招募训练士兵。到仪凤三年（公元678年），吐蕃再次进犯，此时已经掌握实权的武则天原本打算派刘仁轨迎敌，但刘仁轨却做了一件非常不厚道的事情。

原来，刘仁轨在出镇洮河期间，其政见屡屡与中书令李敬玄相左。政见不合，原本也算正常，但刘仁轨却记恨在心。这一次见武后意欲点将，他明知道李敬玄没有带兵的能力，却故意向武后上奏："西边镇守，非敬玄不可。"李敬玄知道刘仁轨存心不良，连忙推辞，却被不知内情的唐高宗一句"仁轨须朕，朕亦行之，卿何辞？"堵上了嘴。

由于官员的倾轧，唐军的失败从一开始就注定了。毫无战争经验的李敬玄被委派为洮河军诸军大总管，与工部尚书刘审礼率兵十八万出征吐蕃。由于李敬玄进兵缓慢，在青海湖边逡巡不进，吐蕃趁机围攻孤军深入的刘审礼，刘审礼孤立无援，兵败被俘。吐蕃趁势掩杀，李敬玄闻听前军战败，慌忙退兵，又在承风岭被论钦陵所部团团包围。时值秋季，阴雨霏霏，道路泥泞，唐军转动不灵，眼看就要面临全军覆没的危险。这时候，李敬玄帐下偏将黑齿常之站了出来。

黑齿常之原本是百济和鬼室福信齐名的一员有勇有谋的名将。在与唐朝的战争中，黑齿常之曾经给唐军造成了很大的麻烦，只是后来百济灭国，黑齿才最终投降了唐朝，被任命为左领军员外将军、洋州刺史。

这一次对吐蕃用兵，黑齿常之也随军出征。他眼见唐军被困，便趁深夜率敢死队五百人突袭吐蕃大营，自以为胜券在握的吐蕃军没料到唐军还有这一手，被杀了个人仰马翻，论钦陵见势不妙，也只得退兵，李敬玄才得以平安撤退。然而此时唐军却损失惨重，李敬玄也没能逃脱丢官的命运。这一战之后，吐蕃的实力达到极盛。

《旧唐书》感叹道，吐蕃"东与凉、松、茂、巂等州相接，南至婆罗门，西又攻陷龟兹、疏勒等四镇，北抵突厥，地方万余里。自汉魏以来，西戎之盛，未之有也"。

黑齿常之自此被擢升为左武卫将军。永隆元年（公元680年），黑齿常之再次用夜袭之法，大胜前来进犯的吐蕃军，杀死敌军两千余人，缴获牲畜数万头，他也进一步升任河源军经略大使，负责守卫河源地区。经过数次战争，唐高宗意识到对付处于高寒之地的吐蕃，实在难以一举剿灭，如中书舍人郭正一所言："近讨则徒损兵威，深入则未穷巢穴。"

于是，他改变策略，以守为主。黑齿常之忠实地执行了这一方针，增设七十余处烽火台彼此呼应，又在河源地区大兴屯田，每年可收获粮食五百余万石。驻守此地的唐军有了充足的粮食储备，得以长久对吐蕃形成威胁。

此后数年，吐蕃和唐朝国内均发生了政治斗争，双方无暇交战。直到永昌元年（公元689年），马上就要登上皇位的武则天才再次对吐蕃用兵。一开始，韦待价和岑长倩的出兵都无功而返，直到长寿元年（公元692年）起用老将王孝杰，唐军才获得了决定性的胜利。当初李敬玄与吐蕃对阵时，王孝杰曾经是刘审礼帐下将官，战败后被俘，在吐蕃居住多年，因此对吐蕃甚为了解。在王孝杰率领下，唐军大破吐蕃，收复了安西四镇，重立安西都护府。

此后的局面逐渐向着不利于吐蕃的形势发展。虽然武周一朝和吐蕃的交战仍是互有胜败，但常年的战争却使吐蕃诸附属国离心离德，渐有降唐之意；而噶尔家族的长期擅权也引起了吐蕃赞普赤都松赞的不满。

圣历二年（公元699年），赤都松赞发动政变，论钦陵兵败自杀，其兄弟和儿子也随后降唐，吐蕃陷入了内无谋臣外无良将的尴尬处境，在之后与武周的数次战斗中均告败北，不得不向唐朝主动求和。唐高宗和武则天时期与吐蕃的军事冲突至此终于告一段落。此后不久，唐中宗复位，在位期间同意赤都松赞的和亲请求，将金城公主下嫁至吐蕃，双方再次进入了一个短暂的蜜月期。

改名字也是攻敌的手段

到武周时期，自太宗以来与周边势力的军事冲突先后都结束了，西北的突厥、东北的朝鲜半岛，以及西部的吐蕃，都纷纷向唐表示臣服，被纳入了唐的势力范围之内。然而，就在武则天认为四海一统长治久安之时，北方的契丹族却突然举起了反旗。

契丹是公元 5 世纪初在东北兴起的一个游牧民族，据研究，他们本是柔然部的后裔，在败于北魏后退居今天的赤峰、通辽一带聚族而居，过着逐水草而居的游牧和渔猎生活，时时窥探着中原王朝。隋唐之际，突厥国势强盛，契丹曾经作为其附庸，屡屡进攻内地。唐太宗时，契丹首领大贺摩会率众于贞观二年（公元 628 年）归顺唐朝，突厥颉利可汗闻讯曾经向唐索要契丹部众，但遭到了唐太宗的果断拒绝。

大贺摩会逝世后，其子大贺窟哥继位，其间继续执行与唐友善的政策。唐太宗征伐辽东时，曾册封大贺窟哥为左武卫将军。贞观二十二年（公元 648 年），大贺窟哥将契丹全境献给唐，自愿成为唐朝领土的一部分。唐太宗大喜过望，立刻在其故地建立松漠都督府，由升为左领军将军的大贺窟哥出任第一任松漠都督。不仅如此，大贺窟哥还受封为无极县男，并受赐姓李氏，因此他的子孙后代便以李为姓。唐高宗即位后，大贺窟哥又升为左监门大将军，可谓荣宠一时。

不过，大贺窟哥的儿子大贺阿卜固继位后，则改变了对唐政策。他虽然被唐高宗封为左卫将军、弹汗州刺史，但却暗中纠集奚族不断骚扰唐朝边境。在这种情况下，唐高宗决定给契丹点儿颜色看看。

显庆五年（公元660年），定襄都督阿史德枢宾、左武侯将军延陀梯真、居延州都督李合珠共同出兵讨伐奚族，奚族见唐兵大军压境，没有抵抗就遣使投降；紧接着，这一支唐军与当时的营州辽东经略薛仁贵合兵，共同讨伐契丹。在黑山一战中，契丹大败亏输，连大贺阿卜固也被俘获送至洛阳。此役之后，大贺窟哥的孙子李尽忠继承契丹首领和松漠都督之职，从此三十余年没有作乱。

但是原本相对稳定的松漠都督府局势，毁在了一个虚骄自大的官员——赵文翙手里。此人担任营州刺史期间，对奚族和契丹的态度极其恶劣，他不仅以天朝上国自居，将两个部落的首领当作奴仆，呼来喝去，毫无尊敬之意；而且在契丹爆发饥荒时，他又拒绝赈济灾民，导致大批契丹人饿死。赵文翙的傲慢和残暴引起了两族人民强烈的不满和怨恨。

万岁通天元年（公元696年），不堪忍受暴政的李尽忠联合其妻弟归诚州刺史孙万荣举起了反旗。孙万荣早年曾经以人质的身份在长安待过多年，对中原的情况甚为了解。他深知一方面武则天代唐自立，处在过渡期的武周政局还在磨合期中；另一方面和吐蕃战事的胶着也牵制了武周的大部分兵力。此时举兵正当其时。

果然，李尽忠和孙万荣一举攻陷营州，擒杀赵文翙，俘虏数百唐军。李尽忠随后自立为"无上可汗"，孙万荣则被封为元帅。契丹各部闻风纷纷归顺，契丹军在数日内就壮大到数万人之多。孙万荣随后攻下崇州，俘虏了龙山军讨击副使许钦寂。

武则天得知此事后勃然大怒，她先将李尽忠和孙万荣的名字分别改为李尽灭和孙万斩。接着派遣鹰扬卫将军曹仁师、右金吾卫大将军张玄遇、左威卫大将军李多祚、司农少卿麻仁节等二十八员将领共同讨伐；为了确保此次作战行动万无一失，又加派侄儿梁王武三思为榆关道安抚大使，在胜州一带布防，同时作为唐军前锋的策应。

与此同时，契丹的进军也遇到了一些麻烦，在攻打檀州时，被清边道副总管张九节击退。整兵再战的契丹却面临着唐军重兵压境的威胁。虽然敌众我寡，但孙万荣并不惊慌，反而定下一条妙计。

原来，契丹攻破营州后，俘虏的数百士兵都关押在地牢中。孙万荣故意派手下士兵去这些俘囚中散播契丹军缺少粮饷补给，士气低落，打算投诚的谣言，并以军中无粮的理由将这些俘囚释放。果然，这些士兵回到营中立刻向唐军将领报告了听到的一切，并且认为契丹军心浮动，可速速进攻。可叹二十八员唐军将领竟无一人对此表示怀疑，反而欢天喜地地认为胜利简直唾手可得，纷纷轻装简行，率本部军兵争先恐后扑向营州。

途中，孙万荣故意将瘦弱的牲畜放置在道边，又安排了不少老弱病残的契丹兵卒沿路迎接。见此情景，众唐将更是不疑有他，干脆舍弃步兵，率骑兵一股脑儿地冲进黄麖谷，没想到磨刀霍霍的契丹主力已在谷内恭候多时。唐军骑兵纷纷被绊马索绊倒，死伤惨重，张玄遇和麻仁节也被生擒。

在孙万荣的威逼下，张玄遇被迫写了一封假文书，命令后军总管燕匪石、宗怀昌等人星夜急行赶往营州。结果后军信以为真，连夜赶路，人困马乏，契丹趁势再次于途中设伏，唐军落得个全军覆没的下场。这一场战役是唐帝国军事史上少见的大败，史称"黄麞谷之战"。

惨败的消息传到了洛阳，武则天的心情不难想象。她绝对无法忍受自己的统治权威遭到挑战。盛怒之下的武则天动员倾国之力，消灭契丹。她要求"天下系囚及庶士家奴骁勇者，官偿其值，发以击契丹"，有点儿全民皆兵的意思。随即，她重新起用以收复安西四镇扬名海内的老将王孝杰为清边道行军总管，集合十八万大军再次进攻契丹。同时再次委派武氏族人建安王武攸宜出任清边道行军总管在渔阳一带策应。

这时候，李尽忠已经病死在军中，孙万荣继任契丹首领。孙万荣的确算得上是一员良将。对于唐军的汹汹攻势，孙万荣毫无惧色，他认为唐军虽然声势浩大，但远道而来，带兵将领又是以白衣起复的王孝杰，必定贪功心切，急于求成，不妨利用这一点诱敌深入，再次以伏击战术取胜。于是，孙万荣将契丹主力埋伏在黄麞谷附近的东硖石谷中，静待王孝杰的到来。

万岁通天二年（公元697年）三月，唐军进抵东硖石谷，与契丹军遭遇。在孙万荣的指挥下，契丹军且战且退，王孝杰不知是计，率军猛追。由于山谷内道路艰险，王孝杰只得亲率精兵先行追赶，命后军总管苏宏晖随后跟进。孙万荣瞅准时机，在唐军出山谷时，命令契丹伏兵围攻，正在整理阵型的唐军登时乱作一团。多亏了王孝杰用兵有方，苦苦支撑才抵挡住了契丹人的攻势。

正在战况胶着之际，苏宏晖却眼见契丹军势浩大，畏战逃窜。一将无能累死千军，唐军顿时崩盘，纷纷四散逃窜，被困于阵中的王孝杰得不到援军，最终全军覆没，自己也坠崖身死。这场被后世史家称为"东硖石谷之战"的战斗再次以契丹的大获全胜而告终。

在这几场战斗中，武氏族人的无能暴露得淋漓尽致。被武则天寄予厚望，驻守渔阳的武攸宜得知前方战败的消息，居然吓得不敢前进。尽管如此，武则天还是选择再一次相信自己的亲眷。她任命右金吾卫大将军武懿宗为神兵道行军大总管率兵增援河北，同时又将另一员宿将娄师德起用为清边道副大总管，率军二十万，第三次进攻契丹。

从武则天的安排中，不难看出武则天处心积虑为武氏族人捞足政治资本的心思。可惜，武氏族人实在太不争气，不仅不懂得如何摘桃子，反而给唐军的行动拖了后腿。连战连捷的契丹军气势大盛，在孙万荣的带领下进逼河北，攻略幽州、瀛州等地，沿途烧杀抢掠，还打出"何不还我庐陵王"的檄文，质疑武则天的称帝。武攸宜发兵抵抗，几次都吃了败仗，而武懿宗抵达赵州后，听说契丹将领骆务整率数千骑兵将要攻打冀州，居然望风披靡，不战而逃，退至相州，把大量军用物资和赵州拱手相让给了契丹。

正当武周上下对契丹一筹莫展之际，契丹的后院却起了火。原来，孙万荣侵掠河北之前，为了巩固后方，在营州的险要之处建了一座城池，将军需物资和老弱妇孺都留在此处，留下其妹夫乙冤羽守城，还派出使者联系已经复国的后突厥，希望能结成同盟共同进兵中原。

孙万荣的这一步棋可说是百密一疏。东突厥虽然复国，但其首领默啜可汗却是个政治投机家,他并不墨守于和契丹的关系,而是在其中见风使舵,以获取更多的利益。眼见武周被契丹搞得焦头烂额,他趁势向武则天提出,只要能归还河西故土,与武周和亲,并认其作为义子,他就率部讨伐契丹。武则天正愁手中无兵可用,见此大喜,便悉数同意了默啜的要求,还封其为左卫大将军、迁善可汗。

虽然如此,默啜却暂时按兵不动,观望局势。恰好此时,孙万荣的使者也抵达了默啜的牙帐。说来奇怪,孙万荣派出了五名使者,却分为两批到达,默啜对后到的两名使者非常不满,认为他们有意怠慢自己,打算杀掉他们。这二人一见不好,便将契丹倾巢而出,后方只剩老弱病残,防守空虚的实情道出。默啜权衡良久,觉得还是武周的条件较为优厚,便发兵进攻契丹后方,攻破新城,掳掠大量军需和人口,连李尽忠和孙万荣的家眷也沦于其手。

后突厥的突袭给了正在前方与武周军相持不下的孙万荣沉重一击。契丹军闻听新城失守,人心惶惶,士气低落,原本依附于契丹的奚族也趁机反叛。武周军趁此机会,在神兵道总管杨玄基的率领下,与奚族前后夹攻契丹。契丹人败,部将何阿小、李楷固、骆务整全部被俘,孙万荣仅率数千骑兵向东逃窜。途中又遭到张九节的不断阻击,一路损兵折将,最终走投无路的孙万荣被卖主求荣的家奴趁其不备杀死。为期一年的"营州之乱"正式结束。

武周对契丹的屡战屡败暴露出了自唐初以来实行的府兵制和马政的局限性,痛定思痛的武则天开始重视整顿军务,开设武举,选拔优秀将领,又改革府兵制,鼓励百姓养马。为后世的开元盛世奠定了一个坚实的基础。

第六章

韦后乱政，搅乱盛世间的空隙

我李显又回来了

中宗第一次登基时，在即位后不久就被武后废黜，在母亲的阴影下他几乎没有作为。李唐宗室和大唐子民都对他寄予了很高的期望，盼望他复位后可以励精图治，重振朝纲，挽救大唐的颓势，重现其先祖时的盛世局面。但李显复位后的一系列举动让全国官员、百姓都明白了，指望他是没用了。中宗不仅在生活上恣意妄为，荒唐无道，在治理国家上更是一塌糊涂，使得李唐王朝愈加风雨飘摇，危机四伏。

中宗在回到长安后，突然多了一项特别的爱好——打马球。中宗对此项运动可以说是乐此不疲，甚至到了废寝忘食的地步。看到皇帝如此喜欢打马球，下面的人也努力练习，希望提高自己的水平，有朝一日在皇帝面前一展身手。这些人中以长宁公主和安乐公主的驸马水平最高，他们甚至专门建了个洒满油的练习场地，而这么做只是为了不让赛场上的尘土飞扬起来。

上行下效，打马球在中宗时代越来越流行，甚至传到了偏远的吐蕃地区。当吐蕃使者来迎接奉旨和亲的金城公主进藏时，大唐与吐蕃还进行了一场马球比赛。在赛场上，表现最为突出的正是之前提到的那两位驸马武延秀和杨慎交，还有一位则是在之后开创了大唐繁盛新局面的唐玄宗——李隆基。

李显的爱好当然不止于此，他还是一个拔河爱好者，但他从不亲自上场，而是喜欢和后妃、公主们在一旁观战，当看到老大臣们由于年老体衰纷纷倒地时，中宗不仅不加以关怀体恤，而且同后妃、公主们一起嘲笑戏弄、取笑玩乐。

中宗即位后，感念自己和韦皇后是患难夫妻——当初落魄之时韦后跟着自己吃了许多苦，不仅册立韦氏为皇后，还给予韦后的家族以无限荣耀，他追赠自己的岳父韦玄贞为上洛王，岳母崔氏为妃。中宗这种行为已经超越了唐朝的礼仪法制，左拾遗贾虚已向他进谏此事，但中宗并不觉得自己的行为有何不妥，就不理会大臣的意见。

韦氏做了皇后，但她并不满足。前朝刚出了个武则天，她也想效仿武后执掌朝政。她知道自己的丈夫是个窝囊废，不敢干涉自己的行为，于是每次她都和中宗一起上朝，垂帘听政。她的做法引起了满朝文武的极大不满，刚刚送走了武则天，又来了个韦皇后，李唐王室着实堪忧。可李显显然更顾忌韦后，任其恣意妄为，随后安乐公主、上官婉儿等人也纷纷出来干预朝政，使得朝堂上下乌烟瘴气。可中宗还是不管不顾，任由她们胡作非为。

按理说，中宗重夺皇位，自会首先对武氏家族下手，既报先前被废之仇，也可以杜绝后患。但中宗却迟迟不动手，老臣张柬之等人按捺不住，纷纷向中宗进言，请求诛杀武氏，中宗却不予理睬。之后张柬之再次请求贬降武氏官员的官职，中宗还是不听。

此时，别的大臣也坐不住了，敬晖等百名官员上表陈情，要求贬谪武氏。就这样再三恳求，中宗才勉强答应降低武三思等人的官职。此时中宗似乎已经忘了当初是谁抢了他的皇位，使他被流放多年，反倒与武三思等人来往密切，甚至把大臣的谏言直接透漏给武三思。

中宗在政事上对武三思可谓是言听计从，他不信任当时的宰相魏元忠、张柬之、崔玄暐、袁恕己等人，只相信武三思。而武三思之所以能在中宗跟前如此得宠，可以说是归功于两个女人。

一是上官婉儿。上官婉儿是高宗时期的宰相上官仪的孙女，当上官仪获罪被杀后，年幼的上官婉儿跟随母亲来到皇宫中成为奴婢。虽然生长在困顿之中，但她聪慧异常，精通史籍，擅作文章，由此受到武则天的赏识，被封为女官。中宗即位后把她封为婕妤，使其权力越加膨大。

二是韦后。武三思先与上官婉儿私通，通过上官婉儿结识了韦后，韦后与武三思既是儿女亲家，又相互私通，两人过从甚密。中宗向来惧怕韦后，对她举荐的武三思也就百依百顺、言听计从了，以至于"三思令百官复修则天之政，不附武氏者斥之，为五王所逐者复之，大权尽归三思"的地步。

正是因为得到中宗的宠信，武三思势力日益变大，党羽众多。武三思借机收拢自己羽翼来打击那些参与过神龙政变的老臣的势力。他向中宗进谗言说，敬晖、桓彦范、张柬之、袁恕己、崔玄暐等五人依仗着曾参与神龙政变的军功，对皇帝不敬，今后必是国之祸患。

昏庸无道的中宗哪里还能分清忠言佞言，便信以为真。武三思又唆使中宗封他们五人为王，看似是恩宠有加，实则削其实权，让他们远离政治中心。

尽管武三思已经设法扫除了政变元老的势力,但他仍不满意,他要将五王赶尽杀绝。此时,张柬之已经离开了京师,崔玄𬀩早在之前就贬为梁州刺史,但敬晖、桓彦范、袁恕己还在长安。武三思又设法将他们三人派往边远地区。武三思一次次地向中宗进言,中宗也一次次地听之任之,对五王一贬再贬。

经过一番仔细谋划,武三思终于想出了一条毒计将五人置之死地。首先,武三思找人撰写关于韦后的种种恶行并将之张贴于洛阳城最为繁华之处。中宗获悉此事后勃然大怒,命御史大夫李承嘉彻查此事。李承嘉早已被武三思收买,于是上书禀告中宗此事为张柬之等五王所为,表面上看是公布皇后丑行,请求废后,实际上是想要逼宫,废黜中宗。与此同时,安乐公主也开始向皇帝老爸吹风,要求诛杀五王。

但中宗生气归生气,可他曾赐予张柬之等人丹书铁券,君王不能言而无信,他只将五王及其家中男子流放。武三思费了那么多气力要除去这五人,此时又怎么可能善罢甘休?他派曾与张柬之有恩怨的张利用追杀五王,待张利用到达时,张柬之与崔玄𬀩已经病死。张利用对剩下三人一点没手软,将桓彦范乱棍打死,将敬晖千刀万剐,又给袁恕己灌了毒药。就这样,五王先后被武三思迫害致死。

中宗对韦后、武三思等人的纵容还表现在另一个方面。唐朝至中宗时期,官员数量大大超越了前朝,这些官员并非国家求贤若渴选拔出来的,而是武三思、韦后、安乐公主等人卖官鬻爵的结果。

她们明码标价,只要给了足够的银钱,她们就会去央求中宗授予买官人职位,可以说是她们想让谁当官谁就能当官。中宗一向怯懦,不能不照办,就只能写个条子,斜着封好交给中书令,表示这些人是通过私人关系获得官职的,当时通过买官得到职位的也因此被称为"斜封官"。如此一来,许多市井之徒摇身一变成为了上层官员。

中宗在用人上也不按章法办事,完全依照他自己的喜恶。神龙元年(公元705年)四月,"墨敕以普思为秘书监,静能为国子祭酒",只是因为他们"皆以妖妄为上所信重"。神龙二年(公元706年),中宗又晋封了一大批官员,其中许多是僧人、道士或中宗在东宫时的旧臣,中宗也不管他们是否具有真才实德就大肆封赏,如赐加僧慧范等九人五品官阶。

中宗在生活上的荒唐及政治上的昏庸使得李唐王朝不仅没有恢复人们期盼的繁盛局面,反倒是民生凋敝,怨声载道,"国家租赋,大半私门;私门资用有余,国家支计不足",中宗也真可谓是一个无能皇帝了。

武则天的粉丝

中宗皇后韦氏，京兆万年人，韦后的家族在唐朝初年政治地位不高，她的祖父与父亲在军中仅担任过低级官员，但随着韦后被李显纳为太子妃，她的家族第一次迎来了荣耀。但在中宗被武则天废黜后，韦后就开始了她生命中最为艰辛的生活。

中宗在被流放房州时，多次因承受不住压力想要自杀，幸亏韦氏从旁相劝鼓励，"祸福伏，何常之有？岂失一死，何遽如是也！"才让中宗终于等来了回归皇位的一天。所谓患难见真情，中宗对韦氏的感情自然也特别深厚，对韦后百依百顺，也履行了他曾对韦后许下的"一朝见天日，誓不相禁忌"的誓言。

有了中宗的纵容，韦后也越来越放肆，她早就不满足于只做一国之母，希望的是效仿武则天，成为天子。韦后深知，想要在朝中说了算，就得在关键部位有自己的亲信。她首先做的就是拉拢大臣，收买人心。

在太子李重俊发动政变失败之后，朝中的许多重要位置出现了空缺，韦后抓住这一时机，把自己的堂兄韦温，亲戚韦安石、韦巨源都安排当了宰相。其他韦氏成员也被安插到各个部门中，还有两个公主被嫁到韦家，一时之间，韦氏家族俨然有赶超李氏王族，成为当时第一大家族的架势。

韦氏家族在当时的权势丝毫不逊于前朝武则天的武氏家族。韦后的弟弟韦洵早亡，韦后追赠他为汝南王，并让宰相萧至忠的一个已死的女儿和自己的弟弟举行冥婚，合葬在一起。韦后又把萧至忠另一个女儿嫁给了自己舅舅的儿子，他们成婚的时候，中宗是萧家的主婚人，韦后是她舅舅家的主婚人，天下人看到这难得一见的景象，称其为"天子嫁女，皇后娶妇"。

韦家人有了韦后这棵大树的庇护后，也开始胡作非为。韦后的七妹被封为崇国夫人，下嫁大将军冯太和，冯太和死后改嫁嗣虢王李邕，生活奢靡无度，"权倾人主，尝为豹头枕以辟邪，白泽枕以辟魅，伏熊枕以宜男"。当时的监察御史姚绍之贪赃枉法，按律当诛，但崇国夫人极力维护他，最终真的让姚绍之免于一死，被贬到琼山做了县尉。

除了自己家人，韦后还需要其他重臣的支持。有个叫窦怀贞的大臣，时任御史大夫、检校雍州长史，掌管京师长安地区的行政大权。韦后知道他已经丧妻，就让中宗为窦怀贞赐婚，这位新娘不是别人，正是韦后的奶娘。窦怀贞一看皇后把自己的奶娘都嫁给自己了，这不是认同自己也是韦氏的一员吗！高兴得不得了。从此之后，他每次见皇上或给皇帝上奏折，都自称为"皇后阿𦭞"，其他人也奉承他一声"国𦭞"。他知道后不但不生气，反而觉得挺光荣，成天都趾高气扬的。

李重俊发动政变杀死武三思父子，看似是让韦后失去了一个重要的政治盟友，但实际上也为韦后扫除了武三思这个巨大的障碍，许多以前依附于武三思的大臣纷纷转投韦后门下。宰相宗楚客原是武三思的表弟，武三思死后，马上调转方向，加入韦后阵营，后期成为韦后党羽中的一个重要人物。

朝中的大臣笼络得差不多了，后宫之中韦后自然也要梳理一番。当时后宫之中最为重要的人物就是上官婉儿，此时婉儿名义上是中宗的昭容，本该是长留宫中，不能随意外出的。但上官婉儿颇不安分，有不少情人暗中来往，这样一来，在宫中就很不方便。韦后就借机向中宗请求，在宫外给上官婉儿安置个住处。中宗破例在宫外赏了上官婉儿一座豪宅，韦后也达到了向上官婉儿示好的目的。

上官婉儿也成为了韦后党的重要一员。上官婉儿在武后时期就一直在宫中做女官，非常了解武则天为人处世的方法原则，也很熟悉武则天惯用的政治手段。她劝韦后效仿武则天，当务之急是要让天下人认可韦后。聪明的上官婉儿马上就想出了一个好主意，她建议韦后向中宗请求，将成丁年龄定为二十三岁，把老丁年龄改成五十九岁，这样一来就起到了收买天下百姓的作用；接着请求让天下士庶为母服丧三年，又传播了韦后仁孝的美名。

韦后收买了人心，在大臣中培植了自己的亲信力量。紧接着，她的党羽又使出了老套路，制造祥瑞，显示韦后是天命所归。在韦后制造的种种祥瑞中，最出名的当属五彩祥云了。

景龙二年（公元708年）二月的一天，当宫人为韦后整理衣服时，突然大声惊叫，说自己刚才在韦后的衣服上看见五彩的祥云升起。随后其他宫人纷纷附和，都说看见了五彩祥云。韦后亲信韦巨源向中宗进言说，这是大吉之兆，说明现在大唐正是繁荣稳定之时，劝中宗昭告臣民并大赦天下。中宗听了也挺高兴，就把这个消息传达了各个州郡，并令人根据宫女的描述把五彩祥云画了出来，给大臣们传看。一时之间天下百姓都知道了韦后身上有吉兆的事。

之前的种种准备活动都是在暗中进行，韦后看前期铺垫得不错，想着也该自己亲自出马了。但要有一个合适的契机，让自己的出现与众不同，彰显自己的独特地位。这时候，韦后想到了一项最适合的活动——封禅。

封禅是古代最为重要的一项皇室典礼，从远古时期一直持续到清末，每位君王都十分重视封禅。封禅的时候皇帝要向上天祈求祷告，并第一个进献贡品，这被称为初献，而文武百官第二个进献，则被称为亚献。唐高宗时期，高宗与武后曾一同到泰山封禅，而那时武则天取代了官员，担任亚献。这件事让武则天的地位直线上升，也是向天下人宣告皇后是仅次于皇上的尊贵之人。

这件事给了韦后很大的启发，自己也可以效仿婆婆武则天，来担任亚献，这样一来，不等于说自己的地位和当年武则天一样吗？这还可以为她今后登基成女皇奠定基础。

但中宗时期国家混乱，不够举行泰山封禅的资格。韦后计划多的是，又改为让中宗去长安南郊举行祭天大典。景龙三年（公元709年）三月，中宗昭告天下，要举行祭天大典。这时候就轮到韦后之前收买的党羽轮番上场了，先是一个叫祝钦明的人向中宗献计，请求让韦后也参与祭天仪式，协助大典。但朝中有人不同意，坚决反对韦后参与祭天。两派人马争执不下，难分高低。

中宗让宰相韦巨源来裁决，这韦巨源就是皇后的家里人，现在逮到机会自然大力赞同祝钦明的意见，让韦后充当亚献，参与祭天大典，而韦巨源自己则担任了终献。韦后终于一步步地跟随着武则天，像她一样宣告了自己的无上地位。

韦后是一个野心极强的女人。早年间，她可以陪伴中宗在房州受苦长达十数年，但回到长安，恢复了奢侈享乐的皇后生活后，韦氏开始渴望权力。大唐的每一个女人似乎都在以武则天为榜样，人人都想做女皇，这是在中国古代其他时期不曾有过的。韦后不甘心只做懦弱的中宗的皇后，她也要做掌权者，早年间颠沛流离的生活也让韦后明白，只有权力在自己手中时才是最可靠的，没有了它也就失去了生命。

韦后像当年的武则天一样，扫除了一个个在称帝道路上的障碍，如重俊太子、武三思等，又得到了强有力的支持者，像安乐公主、上官婉儿等人。但韦后终究不如武后般聪明，她只看到了武后表面的风光，不知道武后是经过长达数十年的积累才一朝爆发的，武则天凭着自己不逊于男人的勤勉智慧征服了群臣与子民。而这一切都是韦后所不具备的，韦后的命运又怎么可能如武则天一样呢？等待韦氏的还将是一场血雨腥风。

安乐公主不安乐

安乐公主，大唐中宗李显第七女，生母为中宗皇后韦氏。安乐公主出生在中宗与韦后流放房州的路上，当时中宗自身也已十分困窘，自然没为公主的出生做好准备，只得用自己的衣服做襁褓，裹住了初生的女儿，于是就为她取了乳名为李裹儿。公主成长于中宗困顿时期，一直陪着父母在异乡吃苦，中宗对这个女儿感觉很愧疚，自然也对她十分宠爱。尽管生活困窘，但对她的要求也一定会尽力满足。

公主长大后，出落得十分标致，明艳动人，被称为大唐最美丽的公主。当中宗回到长安后，裹儿被封为安乐公主。安乐公主虽然自幼受苦，但因为中宗夫妇对她的溺爱，养成了她骄蛮任性的性格。

转眼间，安乐公主到了出嫁的年龄，中宗夫妇费尽心思为女儿寻个好婆家。公主的公公就是权倾朝野的武三思。武三思的儿子武崇训和安乐公主年龄相仿，两人暗中早已勾搭上了。武家势力庞大，自然也愿意和公主结亲，巩固自己的势力。安乐公主与武崇训的婚礼声势浩大，朝野上下皆来祝贺。当朝宰相李峤、苏味道，及郎官沈佺期、宋之问等纷纷献诗献文。婚后不到六个月，安乐公主就生下了一个儿子。

不过婚后的安乐公主并不安分，不久就又看上了自己的小叔子——武延秀。这个武延秀在武则天时期曾被派往突厥与突厥公主和亲，谁料突厥人认为武延秀配不上自己的公主，把他关押了起来，几年以后中宗复位，才被放回长安。

在突厥的几年，武延秀学会了突厥语，还学跳突厥舞蹈，颇具异域风情。因为和武崇训的堂兄弟关系，使他有机会常常出入公主府，他在公主面前充分展现了自己的各项特长，能歌善舞，又长得仪表堂堂。安乐公主对这个小叔子越看越喜欢，一来二去，两人也勾搭在了一起，时间一长，整个公主府上下也只有武崇训一个人不知情。

后来武三思、武崇训父子被太子李重俊杀死，安乐公主自然就改嫁了这位小叔子。两人大婚时，虽然安乐公主已是再嫁，但排场更胜从前。中宗更是下令大赦天下，派禁军作为公主的仪仗队，长安城不分日夜灯火通明，热闹异常，中宗和韦后二人登上安福门城楼观看盛况。韦后看到这个女婿着实懂得讨人喜欢，对武延秀也是浮想联翩，安乐公主竟然也乐得做个顺水人情，把自己丈夫又引荐给母亲，母女二人一同和武延秀淫乐。

安乐公主也真是人如其名，在生活上贪图安逸，以奢侈攀比为乐。安乐公主有件她最为喜欢的衣服，裙子是用百鸟的羽毛织成的，光是百鸟的羽毛已经很难收集，还要把它们和谐地编制在一起，色彩斑斓，各种图式栩栩如生，甚至是"正看为一色，旁看为一色，日中为一色，影中为一色，百鸟之状，并见裙中"。

这种裙子一共就织成了两件，一件献给了韦后，另一件就在安乐公主这儿。长安城的贵族妇女看见这条漂亮的裙子，全都目瞪口呆，羡慕得不得了，人人都想要一件，猎户们开始大规模围剿鸟类，可怜鸟儿遭了殃，那一时期"江岭奇禽异兽毛羽，采之殆尽"。

安乐公主当然不会满足于只有漂亮服饰，全长安、全大唐最好的东西她都想要，她也相信她的父皇一定会都给她的。就连她和武崇训只有几岁的儿子，也被中宗封为太常卿、镐国公，食邑五百户。安乐公主再嫁武延秀所生的第二个孩子满月时，中宗和韦皇后亲自到公主府祝贺，又在安乐公主府下令大赦天下，让全国百姓沾染一下公主诞下麟儿带来的喜气。

中宗和韦后还有个亲生女儿长宁公主，安乐公主特别爱和这个亲姐姐斗富，长宁公主建个新宅子，安乐公主就一定要建个更大更好的宅子。这姐妹俩在长安城中大兴土木，广建豪宅，在装饰上更是费尽心思，一个比一个精巧。在宅邸上比来比去，俩人都腻了，安乐公主又想出了个新方法。

当时的长安城有一处著名的游览胜地——昆明池。这个池子在汉武帝时期就有了，经过历朝历代修整，到了中宗时期可说是湖光山色，秀丽宜人。安乐公主有了大宅子，自然想要一个大花园来压倒姐姐，选来选去，她竟然看上了属于她老爸的这片大池子。

安乐公主跑去央求中宗把昆明池赏给自己，本以为中宗这次也会痛快答应，但皇帝老爸这次确实犹豫了。这昆明池可是皇家的一个重要钱财来源，宫中妃嫔宫女的脂粉钱都是从昆明湖的渔业收入中来支出的。而且昆明池边有许多户渔民都依靠它打鱼为生，一旦把昆明池赏给了安乐公主，皇宫少了一大块收入，渔民们也无法安置。所以中宗拒绝了安乐公主的请求。中宗总算清醒了一把，可安乐公主却老大不高兴，皇帝老爸不给自己昆明池，那她就自己动手，挖个更大的池子。

安乐公主看中一大片土地，强行把百姓撵出划定的范围，紧接着说干就干，在不长时间内就挖出了一个更大的池子。安乐公主也毫不气弱地给新池子取名为定昆池，摆明了就是向中宗示威。池子建好了，安乐公主令人按照昆明池的样式来设计，池中筑起一座几乎可以仿真的假山，池子周边的亭台楼榭被装饰得美轮美奂。中宗看到女儿新修了池子和自己叫板，不但不生气，反倒乐呵呵地带领文武大臣和安乐公主一同在定昆池玩乐。

安乐公主在政治上也十分不安分，她仰仗着中宗和韦后对她的宠爱，公开卖官鬻爵，"恃宠横纵，权倾天下，自王侯宰相已下，除拜多出其门"。许多宵小之徒为了牟取个一官半职，纷纷携带大量奇珍异宝去拜会安乐公主，收受了贿赂，安乐公主也是不遗余力地为他们要官。"虽屠沽臧获，用钱三十万，则别降墨敕除官……钱三万则度为僧尼，其员外、同正、试、摄、检校、判、知官凡数千人"，安乐公主甚至自己来写任命诏书，然后就跑去找中宗，她盖着诏书内容只让中宗签署。中宗对这个女儿也真是宠爱过头了，竟然不看看内容是什么，就笑着盖上了自己的印玺。

看到安乐公主在皇帝面前这么有地位，想要投靠她的人也越来越多，到最后经安乐公主获得官位的人竟达到了五六千人。有时候连中宗自己都弄不清自己什么时候封了这些人官职的。有的官员因为贪赃枉法，本应被治罪，但有了安乐公主这棵大树，就得以逍遥法外。如崔湜原本是因为投靠上官婉儿才做到宰相的职位，上任后他也开始买卖官职，滥授官位，被御史劾奏，贬为江州司马。后来崔湜依傍上了安乐公主，由公主从中调和，不久就重回京师。

安乐公主的终极目标和她母亲韦后一样，是想做皇帝。前朝的武则天深深影响了中宗时期的这些女人，她们都希望效仿武后，登上皇位。安乐公主一直希望能接老爸的班，当时中宗已立了太子李重俊，但李重俊不是韦后的儿子。只是宫人之子，安乐公主这位最受宠的嫡生女儿自然没把太子放在眼里，一见到他就直呼为奴才，使太子受尽屈辱。

安乐公主认为既然李重俊能做皇太子，那自己为什么不能做皇太女呢？想到这儿，她赶忙去找父皇，央求中宗册封自己为皇太女，中宗对女儿一向无条件服从，这次也答应安乐公主好好考虑一下。安乐公主美滋滋地回去等好消息了，但中宗的提议遭到了满朝文武的反对，大臣们纷纷谏言说，如果封了公主做皇太女，那驸马该如何封赏？这样一来李唐王朝不又落入了武家之手吗？

面对大臣们的种种担忧，中宗也明白了封皇太女这件事不可行，只得告诉公主大臣们反对，对公主又是一番安慰封赏，才把她这个念头暂时打消了。

杀儿子为大臣报仇

"……重俊,大行之子,元良守器。往罹构间,困于逸嫉。莫顾铁钺,轻盗甲兵,有此诛夷,无不悲惋;今四凶咸服,十起何追,方申赤晕之冤,以纾黄泉之痛,可赠皇太子。"这是唐睿宗对中宗太子李重俊的一段定论。在历史上,无论作为太子还是政变发动者,李重俊都是失败的。

李重俊是唐中宗李显的第三子,其生母是一名出身低微的宫女。尽管生母身份卑下,但李重俊作为中宗的儿子,还是得到了应有的封赏,首先于圣历元年(公元698年)被册封为义兴郡王,神龙元年(公元705年)被封为卫王,之后又做过左卫大将军,同时兼任扬州大都督。

很快,李重俊的生命中出现了一个重要转机。神龙元年(公元705年),他的父亲李显复位为唐中宗,并决定册立皇太子。由于皇长子李重润已死,皇二子李重福被贬外地,较为年长的李重俊被册立为皇太子。虽然身份地位得到了极大的提升,但李重俊的太子之位坐得并不安稳。

许多人看不起李重俊这个太子。第一个就是韦皇后，李重俊不是她的亲生儿子，只是一个卑微的宫女所生，自然入不了韦后的眼。而且韦后的亲生儿子李重润风姿俊朗、嘉行懿德，却被人进谗构陷，说他与永泰公主夫妇议论武则天的男宠张易之、张昌宗兄弟，惨遭横死，被自己的亲生祖母下令"杖杀之"。韦氏自然心痛万分，但当时畏惧武则天的权势，也无可奈何。而此时她的丈夫已经登基为帝，自己也成为了母仪天下的皇后，她认为如果自己的儿子没有蒙冤而死，如今一定能够成为太子，并且有朝一日能够继承皇位，俯视整个大唐。然而如今却是这么个卑微宫人的儿子占据了本该属于自己儿子的位子，这令韦后如何不恨？于是韦后对李重俊也就更加冷言冷语，总是挑他的毛病。

此外，还有一个女人也瞧不上李重俊，此人就是韦后的亲生女儿安乐公主。这位号称"光艳动天下"的安乐公主降生在中宗被废去皇位贬往房州的路上，那是中宗夫妇最为落魄的时候，所以安乐公主幼年时和中宗夫妇吃过不少苦，也正因如此，中宗夫妇和安乐公主感情特别深。中宗复位后，安乐公主终于苦尽甘来，有了来自世间最有权势的父母的宠溺，使她享有了近乎无限的权力与荣耀。中宗和韦后还给安乐公主找了个好婆家，把她嫁给了武三思的儿子武崇训。作为武家人，武三思是唐中宗最为器重的政治盟友，虽然武则天已死，但武三思和上官婉儿勾结，依然把持着朝政。安乐公主多了婆家这棵大树的依傍，自然更加恃宠而骄，飞扬跋扈。她又怎么会把李重俊这小小的宫人之子放在眼里呢？她不但对这个太子没有起码的尊敬，甚至与丈夫武崇训一起称呼太子为奴才。

对于韦后和安乐公主的这些嚣张行为，李重俊都选择了隐忍，因为他知道自己此时没有实力与这权势熏天的母女二人相抗衡，只是暗下决心，积蓄力量，在自己即位后再对付她们。可是当安乐公主向中宗提出要当皇太女时，李重俊再也无法忍耐了，因为他知道再忍下去不但皇位会被夺走，而且连小命都难保。

李重俊这个人性格比较刚毅果断，但中宗没有指派给他贤明的老师。由于没有好老师的指教，他办事没有章法没有准则。他的身边也尽是些奸佞小人、纨绔子弟，只以娱乐玩耍来取悦他，他自己也每天沉浸在歌舞嬉戏享乐之中，不思上进。一些正直的大臣给他谏言，他也就是听听而已，不往心里去。可此时，李重俊知道自己必须做一件风险很大的事来保住自己的位置了，他要效仿他父亲当年那样，发动政变。

李重俊开始寻找志同道合的支持者。首先，他找到了手握兵权的羽林大将军李多祚，当年李多祚曾目睹自己的一班老朋友被武三思等人凌辱迫害，一直想找机会替他们报仇，于是便与李重俊一拍即合，愿意协助他发动政变。接着，李重俊又去找那些李唐宗室成员，在武则天执政时，李唐宗室被狠狠地打压，他们对武家成员自然也是恨之入骨，心里都热切期盼能恢复李唐王朝的繁盛局面。恰好宗室成员成王李千里担任左金吾大将军，他也乐意出兵相助太子。

景龙元年（公元707年）七月的一天，政变正式开始了。照计划，李重俊等人兵分两路，一路由太子李重俊、左羽林大将军李多祚，右羽林将军李思冲、李承况、独孤祎之、沙咤忠义等人，率领羽林军浩浩荡荡地杀向武三思的府邸。在这之前还有个小插曲，由于武三思和上官婉儿的家分别位于城南城北，先杀谁好呢？犹豫了一阵，李重俊觉得武三思是自己的直接敌人，对自己威胁更大，于是决定先杀他。当时正是深夜，武三思一点儿准备也没有，李重俊就这样轻轻松松地杀了武三思和武崇训。而安乐公主恰好那天回宫了，暂时躲过一劫。

另一路则由左金吾大将军李千里率领，去攻占宫城的各个城门，为主力部队攻打皇宫铺平前进的道路。杀掉了武氏父子的李重俊带人杀向皇宫，由于李千里已经带人攻占了各城门，李重俊的部下不费吹灰之力就杀了进去。此时，中宗夫妇从睡梦中惊醒，获悉太子竟然杀进了皇宫，顿时惊慌失措。中宗夫妇带着安乐公主和上官婉儿一路逃命，跌跌撞撞地爬上玄武门城楼，此时，只有另一个羽林大将军刘景仁带着一百多名士兵赶来保护皇帝。

此刻，保护皇帝的士兵和太子叛乱大军在玄武门城楼下展开了对峙。气氛愈加凝重，大战一触即发。李重俊带有三百多精兵，和那一百来人拼命可说是绰绰有余，胜券在握。可就在这千钧一发之时，李重俊又迟疑了。原来，他本打算只杀武三思、安乐公主等人，不想杀父亲中宗，可现在中宗和那些人在一起，杀还是不杀呢？

就在李重俊迟疑的时候，一个宦官却当机立断，从城楼上冲下来了。只见他手起刀落，一下子把李重俊的前军总管斩于马下，总管一死，李重俊的部下立刻军心动摇。此时，中宗在城楼上开始大喊："汝辈皆朕宿卫之士，何为从多祚反！苟能斩反者，勿患不富贵！"这些早就方寸大乱的士兵一听皇帝表态，投诚皇帝者不仅不追究，反而还能有封赏，纷纷倒戈，自相残杀起来。

顷刻之间，李多祚等将领都被乱军杀死。李重俊一看事情有变，赶紧带着几个亲随杀出重围，一路向南逃窜，逃到了终南山。在终南山上，李重俊的属下叛变，杀死了李重俊，这场声势浩大的

189

政变也随之彻底宣告失败。李重俊死后，昏庸的中宗竟然下令取这个亲生儿子的首级来祭奠武三思、武崇训父子；接着又下诏把李重俊贬为庶人，凡是参加了此次政变的人也都被杀；追谥武三思为太尉、梁宣王，武崇训为开府仪同三司、鲁忠王。直到唐睿宗即位，李重俊才获得平反，并被追谥为节愍太子。

虽然都是政变，但不同的是，李显通过神龙政变顺利地登上了皇位，李重俊却政变失败、死无全尸。这是因为李重俊太年轻稚嫩了，不仅没有足够敏捷的政治头脑和清醒冷静的大局分析，甚至连值得信赖的部下都没有。在这种情况下，他竟然敢贸然发动政变。正是因为如此，才出现了在政变的关键时刻政变部队临阵倒戈，而他自己最后也死于叛徒之手的情况。

同时，身为一个政变者，李重俊也不够冷酷。当直面父皇时，李重俊依然在犹豫是否对皇帝下手，根本没有意识到从政变开始的那一刻起，李显就不再是他的父亲，而只是他的敌人。他天真地以为只要杀死对自己有威胁的安乐公主、武三思等人，父皇就还是那个父皇，不会处置他这个妄图逼宫篡位的太子。然而在皇位的争夺战中，并没有父子兄弟，这就注定了在这场政变中仍然对自己的父亲怀有孺慕之情的太子失败的必然下场。这场政变就像是一个热血青年的兴起之作，随着热度的消散，失败也就随之来临。

与母亲一起毒死老爸

中宗李显对韦后和安乐公主的纵容、忍让不仅没让她们二人收敛,反倒给中宗自己惹来了杀身之祸。

中宗素来都知道韦后的种种淫乱行径以及安乐公主在朝廷之中的胡作非为,但念及韦后与自己多年的患难夫妻之情,顾及与安乐公主的父女天伦之情,他从没责怪过韦后与安乐公主。但大臣们看不下去了,屡屡有人向中宗禀告皇后与公主的恶行。

景龙四年(公元710年)五月,许州司兵参军燕钦融向中宗举报,陈述了韦后、安乐公主、武延秀、宗楚客等人的祸国行径,指出如果继续纵容他们胡闹下去,国家社稷堪忧。面对这位忠心耿耿的臣子,中宗内心无比矛盾,他何尝不想整治奸佞,重振朝纲?可多少年来他已经习惯了在韦后的摆布下生活,一切按韦后的意思办,他已无法向韦后询问或者说是斥责韦后。

燕钦融一直在和中宗据理力争,他希望通过自己的努力,可以让皇上有所作为,铲除奸人。但中宗一如既往地选择了沉默,他也真的是无言以对了。燕钦融无奈地走出朝堂,但刚才发生的一切让宰相宗楚客又急又怕,他命人赶紧截住燕钦融,把他摔在宫殿的石阶上,燕钦融当场被摔死。中宗得知后,心中泛出一阵阵凉意,今天的一切让他更清楚地看到了韦后及其党羽已经嚣张到了何种地步。他没有多问什么,但那掺杂着愤慨、悲哀与无奈的神情已经显现在他脸上。韦后等人此时意识到了中宗的变化,他们开始担心,怕有一天,中宗再也忍不住,会对他们痛下杀手。

看着发生的这一幕幕,李显情不自禁地想到了自己的母亲——武则天。当初不也是因为父亲的怯懦多病,母亲开始临朝参政,后来一步步取代父亲与自己,改朝换代,成为了古今第一位女皇帝。而现在自己的妻子竟和母亲当初的做法如此相像,自己会再一次被挚爱的妻子夺取皇位吗?想到这,李显不禁打了个寒战,李唐王朝的命运和自己的人生怎会如此多舛。他不想让历史重演,他要保住祖先辛苦打下的江山。

看到中宗开始对自己的做法表现出不满的情绪,韦后和安乐公主等人坐立难安,曾经中宗是她们最有利的依靠,可现在却成了她们获取皇位的最大绊脚石。韦后和安乐公主等人商量后决定一不做二不休,干脆先下手为强,杀了中宗,自己取而代之。韦后向安乐公主许诺,自己如果当上女皇帝就立她为皇太女,安乐公主听得此言,更是死心塌地要和老妈一起弄死皇帝老爸。

景龙四年(公元710年)六月二日,中宗驾崩于长安太极宫的神龙殿,终年五十五岁。中宗的暴毙正是韦后和安乐公主的"杰作",她们二人为中宗烹制了一份异常美味的汤饼,其中加入了母女俩费尽心思搞到的毒药。中宗怎么也没想到深爱的妻子会这样待他,毫不知情地吃下了自己人生中的最后一餐,然后就撒手人寰了。中宗的暴毙引起了极大关注，举国上下对此事都议论纷纷，"议者归罪于秦客及安乐公主"。韦后及其党羽商议后决定先秘不发丧，把所有宰相召入宫中，派心腹将领统摄禁军，把守进京要道，做好了各种防范措施，防止其他李氏王族兴兵讨伐。

一个极为重要的问题摆在了韦后面前，中宗死了，接下来谁来当皇帝？她自然是想取而代之，之前她收买人心，宣传造势也是为了自己能登上皇位，但很明显现在不是合适的时机，那下一位皇帝还是得从中宗的儿子里选。中宗的长子，也就是韦后的亲生儿子李重润，他自然是最理想的人选，但因为李重润曾得罪武则天，早已被处死。次子李重福，妃嫔所生，当时已三十一岁，是中宗活着的儿子中年纪最大的，按理说立他也在情理之中，可韦后一直把他视为谋害自己亲生儿子的凶手，把他贬到了边远地区，此时也绝不会拥立他。三子即为前太子李重俊，也已死于政治斗争之中。四子是当时年仅十六岁的李重茂。

韦后思量许久后决定让李重茂继位。她这么做完全是为了自己的将来打算。李重茂年纪小，还没有多少自己的主见，容易控制。韦后作为皇太后就可以以皇帝年幼为借口，和皇帝一同上朝，继续垂帘听政，就此效仿武则天，一步步巩固自己的势力，直到废掉皇帝，取而代之。可是中国古代讲究长幼有序，皇家更是如此，立长不立幼。怎样才能使李重茂的继位合情合理，怎样才能让自己这个太后参与政事呢？韦后费了不少心思终于想到了一个好办法，就是以中宗的名义颁布遗诏，把继位者和自己的摄政身份都写进遗诏。韦后找到了平时负责书写诏书的上官婉儿，让她为自己撰写这样一份中宗遗诏。

起草遗诏对于长期为武则天起草诏书的上官婉儿来说是轻而易举之事，但此刻她迟迟没有下笔，这是她生命中的一个转折点，她也要为自己考虑。中宗传位于李重茂这件事无可厚非，就算颁布出来，大家也不会反对，但要让韦后临朝却不是一件容易的事。韦后事事都希望效仿武则天，武则天当年是靠着自己的勤勉努力花费了几十年时间才谋得皇位的，仅在皇后位置上，武则天就干了二十八年，这二十多年间，她的一系列治国政策都是长远有益的，朝野上下对她均是心悦诚服。可韦后仅仅做了几年皇后，根基不稳，大多数朝臣只把她当作无知妇人，怎么可能听她摆布？况且李唐王室刚刚度过武则天时期，已经是元气大伤。现在韦后玩的这套立幼子的把戏很容易被人识破，她的野心也会昭然若揭，剩下的王族成员绝不会容忍第二个武后的出现。李氏王族中现在还存在着两个举足轻重的人物——李旦与太平公主，他们兄妹定不会坐视韦后胡闹而不采取行动。

上官婉儿自己都不看好韦后，所以聪明的她跑去和太平公主商议，商量后二人决定在原有基础上增加一条，那就是让相王李旦辅佐新帝。这样一来就可以平衡韦后与李氏的地位，让韦后不敢轻举妄动。上官婉儿拟好的诏书并没有通过审核，宰相宗楚客坚决不同意这份诏书。宗楚客是绝对的韦后派，他先后依附武三思与韦后，就是希望有朝一日韦后做了女皇，自己能随之飞黄腾达。面对这份明显对韦后不利的遗诏，宗楚客找到了另一位宰相韦温，韦温是韦后的自家兄弟，两人商议后胁迫所有当朝宰相联名上书，请求修改遗诏，只让韦后摄政。

有了宰相们的支持，韦后开始洋洋自得，为自己能登大位做好了一切准备。她昭告天下，唐中宗因病去世，再拿出所谓遗诏，宣布中宗在过世前已立李重茂为太子，而自己作为太后临朝听政，改年号为唐隆。临朝称制，不过是韦后的一个过渡手段，她的最终目的当然还是皇位。宗楚客等人也开始制造祥瑞征兆，为韦后能顺利登基扫除障碍。安乐公主也伙同宗楚客、韦温等人谋划诛杀李重茂、李旦、太平公主等人。但没等到他们下手，李旦之子李隆基就先一步发动了政变，杀死了韦后、安乐公主、上官婉儿及其党羽，扶持自己的父亲李旦重返皇位。至此，大唐王朝终于走出了武氏家族的阴影，即将走入另一个全新的兴盛局面。

对于中宗的真正死因，历史上还有许多争论。有人并不赞同中宗是被韦后及安乐公主毒杀的这一说法。持这种观点的人认为，中宗一直是韦后与太平公主的重要依靠，二人自然不会毒杀中宗让自己陷入措手不及的窘境。而且中宗被毒杀一说有可能是太平公主等人在发动叛乱时为自己师出有名而虚构的借口。

玉殒大明宫

中宗驾崩以后，韦后拿出了伪造的中宗遗诏，宣布中宗少子李重茂登基为新帝，即唐少帝，自己则作为太后临朝，把持朝政。韦后的党羽们为了防止夜长梦多，纷纷劝韦后效仿武则天，改朝换代。韦后、安乐公主等人也在积极谋划诛杀少帝，取而代之，当时"南北卫军、台阁要司，皆以韦氏子弟领之，广聚党众，中外连结。楚客又密上书称引图谶，谓韦氏宜革唐命，谋害殇帝，深忌相王及太平公主，密与韦温、安乐公主谋去之"。

此时长安城上下，"相传将有革命之事，往往偶语，人情不安"，上自李唐王室，下至寻常百姓，都感觉到了气氛的不寻常，韦后及其乱党的种种行径激起了各地将士、百姓的反抗之心。借着这股反对韦氏临朝称制的潮流，李氏王族开始行动了。

当时的李氏王族中有两个人地位最高，最有声望。他们分别是相王李旦和太平公主。李旦和李显一样，当了一阵儿皇帝就被母亲武则天废黜，一直以来身份敏感，而且李旦这个人本身性格也比较旷达开朗，淡泊名利，不贪图权势，也自然没什么野心，这时候虽然对韦后的做法有所不满，但也没什么实质行动。但另外一个人可坐不住了，此人正是李旦与李显的妹妹——太平公主。太平公主是唐高宗与武则天最宠爱的女儿，从小就骄傲自信、颇具豪气，她怎么可能忍受让韦后这样一个女人窃取大唐的江山呢？她决定搞一场政变来铲除韦氏及其奸党。当年太平公主曾参与过神龙政变，经验相当丰富，想要成功，现在主要差一个合作的人。这个人当然李旦最合适，但李旦身份太敏感，又在韦后党羽的严密监控之下而无法沟通。就在太平公主一筹莫展之际，另一个和她有着相同想法的人，主动找到了她。这个人正是李旦的儿子，临淄王李隆基。

李隆基是李旦的第三个儿子，生母为相王的侧妃窦夫人，人称"三郎"。李隆基是李旦庶出的儿子，也并非长子，按理说皇位怎么也轮不到他。但李隆基从小就与众不同，他天资聪颖、气度不凡，颇有其先祖之帝王风范。在韦后即将篡夺李氏江山的当口，李隆基深知不能坐以待毙，必须奋力一搏。

但单靠他自己实力不济，父亲李旦也指望不上，他也害怕给父亲带来麻烦，只有姑姑太平公主可能会帮自己。李隆基的想法正好与太平公主不谋而合，两人经过细致的商议后，决定发动政变，诛杀韦后、安乐公主、上官婉儿等人。太平公主有丰富的政治经验，又参与过神龙政变，她主要负责出谋划策。而李隆基很有先见之明，在早前就与羽林军交好。羽林军是皇帝的贴身警卫部队，人数虽然不算多，但每一个人都骁勇善战。李隆基通过他的一个奴仆与羽林军的将领私交甚密，羽林军的将士们都很拥戴李隆基。因此，李隆基就负责外出联络军事力量。

上天也在帮助李隆基与太平公主，他们又获得了一个重要人物的帮助。当时的兵部侍郎崔日用本是宰相宗楚客的好朋友，两人交往密切。宗楚客告诉他韦后等人要除掉李旦和太平公主的计划，崔日用这个人头脑很清醒，他看得出来太平公主等人的势力更强大，胜算更大，所以他决定投靠太平公主这一派。于是他通过一个僧人找到李隆基，向李隆基告知了韦后党羽的计划。听到这一重要消息，李隆基等人开始加紧准备。

当时，韦后派去了两个亲信将领韦播和高嵩统领羽林军。但这两个人没有统领军队的经验，为了树立威仪，竟然胡乱处罚士兵，让将士们怨声载道。李隆基得知此事后，劝说羽林军将领干脆推翻那两个将军。将领们一听这话纷纷表示愿意跟着李隆基干，听从李隆基领导。就这样，李隆基获得了最重要的军事上的保障。参与这次政变的人还有太平公主之子薛崇暕、内苑总监钟绍京、尚衣奉御王崇晔、前朝邑尉刘幽求、折冲都尉麻嗣宗、宦官高力士等人。

唐少帝唐隆元年（公元710年）六月二十日，傍晚时分，李隆基和一个属下偷偷潜入长安城北边的禁苑中，去找同谋钟绍京，可在这紧要关头，钟绍京竟然有点反悔，不想见李隆基了。这时候多亏钟绍京的妻子极力劝说丈夫参加政变，钟绍京这才赶紧拜见李隆基。二更时，天上下起了流星雨，李隆基的属下都说这是大吉之兆，应该马上开始行动。李隆基的属下葛福顺直接杀进羽林兵营，杀死了韦璿、韦播、高嵩等将领。

接着李隆基又开始鼓动已经是群龙无首的羽林军："韦后鸩杀先帝，危害社稷，今夜当共诛诸韦，凡韦姓男女长及马鞭以上者，全部斩杀，拥立相王为天子。有敢心怀两端者，罪及三族。"将士们纷纷响应，李隆基带人一路杀入宫中。韦后在睡梦之中听到厮杀打斗的声音，一下子惊醒，她马上意识到是有人发动政变了，但这时候她并没意识到事态的严重性，她以为在自己的宫中，守卫都是亲信，自己不会有事的。

她急急忙忙向飞骑营跑去，去寻求保护，但没承想，刚一进入军营，就被将士斩杀，士兵还把她的头割了下来，献给李隆基。安乐公主死前还在对着镜子描眉梳妆，可怜这位大唐最美丽的公主也难逃一死，被一拥而入的将士杀死。而驸马武延秀此时早已顾不上公主，自己逃命去了，但没跑出多远，也被士兵斩杀。

唐隆政变的主要诛杀对象已死了三个，剩下的就是上官婉儿了。上官婉儿从武则天时代开始，一直周旋在各种政治力量之间，成功地保全了自己。这次她也希望能够逃脱，早前在书写中宗遗诏时她就留了一手，主动向太平公主示好，就是为了现在做准备的。她赶紧带着那份遗诏去找主帅，向他说明自己是心向相王与太平公主的，与韦后等人并不一样。主帅不知该如何定夺，只好把上官婉儿带到李隆基面前。李隆基做事向来果断，又怎会留着上官婉儿这个定时炸弹呢？一声令下，上官婉儿也香消玉殒了。

在李隆基于宫中斩杀主要人员的同时，李隆基的部下也开始在宫外追歼韦后的余党。崔日用领兵去清理朝中与韦后同党的主要大臣。大臣窦怀贞娶了韦后的奶妈，并以此为荣。现在意识到情况不对，马上亲手杀死了自己的妻子，把她的头进献给李隆基，他用这种卑鄙做法暂时保住了他的命。赵履温曾为了讨好安乐公主亲自为公主拉车，在政变发生之后，他跑到街上欢呼，妄图以此保自己一命，但显然他拙劣的表演得不到大家的认可，将士与百姓一拥而上，最后竟把他折腾得只剩一具白骨了。宰相宗楚客在藏匿了很长时间后也被抓住，斩首示众。

有了武氏家族把持朝政多年的前车之鉴，李隆基当然不会让历史重演，他命人将韦后家族斩杀殆尽。将士们冲入韦氏家族的聚居区，不管年龄大小，见人就杀，连许多与韦氏相邻而居的杜氏家族成员也一起被杀了。经过这一夜战斗，唐隆政变最终以李隆基、太平公主等人的胜利告终。

政变胜利结束后，李隆基并没有杀死李重茂。而是请出父亲李旦，让他来辅佐李重茂。李隆基的属下刘幽求等人都希望李旦复位。但李旦之前对唐隆政变并不知情，此时也不愿意再次卷入政治中心，可架不住儿子与大臣们的极力劝说，李旦最终同意复位。

唐隆元年（公元710年）六月二十四日，群臣聚集在太极殿，太平公主宣读了以李重茂名义拟写的传位诏书，李旦正式即位，是为睿宗，改元景云。二十七日，李隆基就被立为皇太子。

第七章

玄宗即位，一个男人与一个女人的战争

撑死胆大的

李隆基出生于垂拱元年（公元685年），是唐睿宗李旦的第三个儿子，因为排行老三，所以在宫中便得了一个外号——李三郎。李隆基幼年生活在天下大变之时，眼见着曾经辉煌一时的李家王朝，在武则天一番大刀阔斧的行动之后，逐渐摇摇欲坠，继而轰然倒塌，一个以周为国号，以女子为皇帝的新生政权，如星辰耀月般璀璨升起。

幼年间经历的一系列宫廷政变，让这位李氏家族的后裔，深刻地认识到宫廷生活的残酷和政治生活的瞬息万变。乍起乍伏的政治际遇，让这位失去了原应拥有一切富贵荣华的没落皇族，养成了坚毅的性格和执着的心性。李隆基从小便胸怀齐天之志，希望有一天可以通过自己的努力，将李氏家族失去的政权重新夺回来。

然而，李隆基心中十分清楚，要夺回如日中天的武则天手中的权力，会面临怎样严酷的困难和危险。且不说在武则天严刑峻法、酷吏横生的统治之下，人人自危，单单论起武则天对于李氏家族有威胁者的赶尽杀绝，就能够让人不寒而栗，继而斗志尽消。

所以此时的李隆基，首先要做的，不是意气用事，也不是锋芒毕露地展示自己的才华。

他用韬光养晦、大智若愚的方法，转移了武氏家族的目光，安然度过了最危险的时期，慢慢地成长起来。然而，是金子放到哪里都会发光。李隆基无疑是一个具备大智慧和大气魄的人，所以在他刚刚满七岁那年，一次偶然的事件，多少让世人逐渐认识到这个没落皇子的厉害。

一次，武氏家族的大周王朝正在举行祭祀宗庙社稷的仪式，李隆基虽然是个没落的皇族子弟，但武则天对于李氏家族并没有做过多的限制。所以李隆基也有机会带着随从参与这次的仪式。

李隆基在和随从护卫走向祭祀场所的路上遇到了一个人，这个人就是时任金吾大将军的武懿宗。此人是武氏家族的宗亲，历来嚣张跋扈，随着武则天的地位越加稳固，武懿宗也成了掌管京师重地守卫大任的将军，因此武懿宗更加飞扬跋扈、目中无人。

平时武懿宗就看着李家的人不顺眼，更加让人气愤的是，李隆基的人马竟然走到了大道的中心，挡住了他的人马通行。然而，李隆基毕竟是李家的嫡系子孙，武则天不会过分苛责李隆基，武懿宗再厉害，也不敢直接去找李隆基的麻烦。所以他的一腔怨气和怒火，便悉数发泄到了李隆基的随从护卫身上。

谁知那个护卫却是李隆基的亲信，连李隆基都很少过分责备，更遑论像武懿宗这样肆无忌惮地辱骂。看到亲信受辱，李隆基忍不住立马怒视，向武懿宗大声呵斥。李隆基理直气壮地认为，这是李家人的朝堂，武懿宗一个外人，竟然如此侮辱自己的护卫，实在是太过大胆了。

也许李隆基自小就有天子气势，这样一个七岁孩童发出的呵斥竟然真的震慑住了武懿宗，他目瞪口呆地望着李隆基，不知道怎么去辩驳。而李隆基身边的随从和护卫虽然当时扬眉吐气、士气大涨，可是事后也忐忑不安，唯恐这件事情传到武则天耳中，自己难免会遭受无妄之灾。

这件事情最终还真的传到了武则天的耳中。出人意料的是，武则天并没有责罚李隆基，甚至也没有找那些随从护卫的麻烦。或许是武则天根本瞧不上这些人，所以才不屑于责怪他们；或者是因为武则天很欣赏李隆基的胆色和临危应变的能力。

后来事情的发展更是令人意外，李隆基竟然在第二年被封为了临淄郡王，足见武则天对这个年龄虽小但志气很高的孙子的喜爱之情。面对这次突发事件，李隆基冷静坚毅地运用自己的才能智计，不仅针锋相对地反击了没来由的侮辱，还化险为夷，甚至由此获得了进身之阶，年幼的李隆基已经如干将发硎，展露出了自己的锋刃。

上有人垂青，下有人辅佐，自己更是雄才大略，难怪李隆基能够在武则天在位的时期，不断地发展和壮大自己。武则天去世，李隆基毫不犹豫地选择了和实力强劲的太平公主联合，夺取政权的可能性更是得到了大大提升。

与藏锋隐忍多年而又智计过人的李隆基相比，杀死丈夫后迫不及待要坐上九五之尊宝座的韦后无疑太过沉不住气，根本不足以匹敌李隆基，韦后费尽心机的所作所为，最后不过是给李隆基和太平公主做了嫁衣。

经过潜心筹备，在具有了充足的实力后，李隆基一直在静待时机，真可谓万事俱备只欠东风。此时中宗刚死，而羽林军中的很多将领都不满韦后的跋扈统治，甚至不少都成为了李隆基的心腹，李隆基苦心等待多年的时机终于来临。于是他毫不犹疑地联合太平公主发动了兵变。

掌握了羽林军，便等于掌握了京师重地的最高权力。李隆基率领一万多名羽林军，如潮水般涌入了皇宫，以迅雷不及掩耳之势，攻占了韦后居住的宫室。尽管韦后还有许多忠心之人拼死抵挡李隆基大军的进攻，但李隆基不仅人多势众，更是大势所趋，韦后最终也没有摆脱被消灭的命运。

李隆基在这一次政变中，功劳无疑是最大的。随后他和太平公主便联手拥立李旦坐上了皇位，而李隆基，则当上了皇太子。

关于太平公主的出生年月，目前尚没有确切的说法，有人根据太平公主哥哥李旦的出生年月和她第一次结婚的时间，对她的出生年月问题进行了考证，发现她很可能出生于公元655年。武则天在早年刚刚入宫之时，曾经为李治生下了一女，只是后来在宫廷斗争中，成了牺牲品。太平公主便成了武则天唯一的女儿。所以太平公主一直深受母亲的喜爱，真可谓捧在手心怕碎了，含在嘴里怕化了。

太平公主五六岁的时候，经常到自己的外祖母，也就是荣国夫人杨氏家中玩耍，有一次她的随行宫女（另一说是太平公主本人）遭到了其表兄贺兰敏之的欺辱，引起了武则天的勃然大怒，武则天差点杀了自己的这个侄子。这个贺兰敏之在武家，是最为杰出的青年才俊，也是武家族人心目中最为合适的继承人。因此武则天对他十分优容，之前贺兰敏之奸污了武则天内定的太子妃，也没有受到严厉的处罚。

然而这一次，贺兰敏之竟然敢惹到太平公主的头上，也许武则天觉得他不知进退、难成大器，忍无可忍地做出处罚，将其流放三千里，永远不准返回。甚至在贺兰敏之被流放之后，武则天犹自愤怒不已，竟然暗中命人在流放途中杀死了这个目中无人的公子哥，可见武则天对于太平公主的疼爱，不舍得她受半点委屈。

关于太平公主这个称呼的由来，还有一个典故。她出生以后并没有立刻获得太平公主的封号，八岁的时候，她的外祖母杨氏去世，由于李唐自认为是老子后裔，崇尚道教，公主出家修道蔚然成风，于是武则天授意太平公主出家做了女道士为杨氏祈福。当然，名义上的出家，并没有给太平公主的生活带来什么实际上的改变，在武则天的庇护下，她一直在深宫之中养尊处优。这件事给她带来的不仅是"太平"这个道号，而且让她名正言顺地躲过了远嫁边疆异域的命运。

原来，太平公主虽然年纪尚幼，但是已然美名远播，吐蕃国国主听说大唐的皇后娘娘有一个深得帝后宠爱的美丽女儿，于是派遣使者前来请求赐婚，还声称非太平公主不娶。武则天自然不想爱女和亲，就连李治也舍不得这个女儿远嫁吐蕃。

但当时的吐蕃十分强大，为了维持大唐和吐蕃的友好，朝廷又不可以直接拒绝吐蕃使者。于是，李治和武则天便告诉吐蕃使者，太平公主早在八岁之时，就已经出家修道了。为了让吐蕃使者彻底死心，一直住在宫中的太平公主还离开宫廷，住进了专门为她修建的太平观，逃过了和亲吐蕃的命运。

但是男大当婚、女大当嫁，开耀元年（公元681年），武则天将十六岁的太平公主下嫁给了城阳公主的二儿子，也就是唐高宗的亲外甥薛绍。据说武则天出于对太平公主的宠爱，竟然改变了父母之命、媒妁之言的习俗，允许太平公主自由恋爱，薛绍这个驸马就是她自己选中的。

为了太平公主未来婚姻生活得幸福美满，武则天做了充足的准备。然而一腔慈母之心的武则天做出的偏激行为，却给薛绍的家人带来了很多麻烦和恐慌。当时薛绍的嫂嫂萧氏和成氏，出身不是很高贵，于是武则天便想让薛绍的哥哥休了她们，另娶出身高贵的女子。后来有人告知武则天，萧氏出身于高贵的兰陵萧氏家族，武则天才就此作罢。

但是一波未平一波又起，武则天虽然放弃了让薛绍的兄长薛顗休妻的想法，但是薛顗心中却充满了恐惧，唯恐弟弟在婚后得罪了深得皇后宠爱的太平公主，给薛家带来灭顶之灾。于是他屡次想要和薛绍脱离关系，终因为恐惧武则天，才没有实现。

太平公主和薛绍的婚礼在长安附近的万年馆进行，整场婚礼极尽奢华，甚至连沿途的树木，都被照明的火把烧焦了。在迎亲途中，为了让太平公主宽大的婚车通过，甚至拆掉了围墙。结婚之后，太平公主或许是真的找到了真爱，所以一改骄奢高傲的性格，一直安分守己、孝顺长辈，不久之后还有了孩子。

只可惜天不遂人愿，就在太平公主准备相夫教子，从此平凡一生之时，唐朝宗室李冲竟然谋反了，其中还牵连到了薛顗和驸马薛绍，这让刚刚享受到幸福婚姻的太平公主始料未及。武则天作为一个政治家，在权力受到威胁的时候，并不会因为顾及亲情而手软。

武则天以迅雷不及掩耳之势，诛杀了薛顗，并派人逮捕了薛绍，不顾太平公主的哀求，将其杖责一百，投入天牢之中，并且命令天牢的狱卒不给薛绍送饭。几天之后，薛绍便饿死在了狱中，而此时太平公主与薛绍的孩子才刚刚满月。

太平公主在听到自己丈夫的死讯之后，心中万念俱灰，整日水米不进，面容日渐枯萎，身体日渐消瘦。叛乱平息之后，冷静下来的武则天看到悲痛憔悴的女儿觉得心痛不已，她渐渐地明白，自己也许对于女儿太过残忍了。于是为了表示自己的歉疚，武则天破例赐给太平公主封邑一千二百户，而自唐朝立国以来的数十位公主从无一人超过食封邑三百五十户的惯例。

获得封邑的太平公主很快便从伤心、伤感中摆脱了出来，或许她正是因为这件事情，才从原先年少轻狂、天真单纯的公主逐渐蜕变为一个像她母亲那样外表柔弱、内心刚强的政治家。薛绍用自己的生命给了太平公主一个血淋淋的教训，那就是生为皇家人，只有去争夺那最高的权力，才能将命运掌握在自己的手中，否则就只能成为别人欲望的牺牲品而毫无反抗之力。哪怕是如父母一样的血肉至亲也无法保护自己的安全，唯一可靠的只有权力，掌握在自己手中的权力。

公主也能"镇国"

薛绍被杀之后，太平公主一直深居简出，不问世事。但是，她的母亲武则天却并没有遗忘自己的女儿，为了排解她的寂寞，武则天三番五次为她物色新的驸马，希望她能重新开始一段婚姻。不过大多数都被太平公主拒绝了，有些是因为男方不够优秀，得不到公主芳心，另一些则是像武承嗣这样的，虽然个人条件不错，但是离政治中心太近，亲眼看着第一任丈夫薛绍被政治旋涡淹没的太平公主再也不想经历同样的痛苦折磨。

不过在风气开放的唐朝，又身在风流者侈的皇室，青春年少、风姿绰约的太平公主空闺寂寞，自然也免不了渐渐生出一些桃色新闻。而此时，武则天也在秘密筹划，正式登基为皇帝。为了提高武家的声望地位，缓和此事将会引起的李、武两家的激烈矛盾，武则天决定将太平公主嫁给自己的族侄武攸暨。

太平公主答应了改嫁，与第一次婚姻不同，太平公主与武攸暨的结合，完全是政治角逐的结果，因此在太平公主的眼中，武攸暨不过是自己临时的保护伞，没有半点感情。武攸暨也明白其中的关系，加之性格十分谨慎和谦退，所以对太平公主，从来没有展示出作为丈夫的权威，对太平公主的限制很少。

越是这样，太平公主越是寂寞，于是，太平公主出轨了。有了第一次，便不愁第二次，以后事情的发展甚至超出了太平公主自己的控制，变得一发不可收拾。为了获取母亲武则天的支持，太平公主不仅自己大肆包养男宠，与朝中大臣通奸，同时也积极为日理万机的母亲物色可心的人儿，其中最为典型的事件，便是她将自己最为满意的男宠，后来被称为"莲花六郎"的张昌宗献给了武则天。

这样一来，武则天与太平公主便越发亲近了。太平公主也渐渐显露出了她对于权势地位的勃勃野心。成年之后的太平公主在长相和性格上，都酷肖自己的母亲，而武则天也认识到了这一点，于是经常找来太平公主，与之商议国家大事。当然，在武则天的眼中，自己的儿子才是真正的皇位继承人，太平公主不过是自己宠爱的女儿，因为有才能才让她参与政事。同时，武则天也很清楚，自己做了女皇帝，已经是冒天下之大不韪，太平公主再参与政事，定然会招致更多人的反对。所以对于这件事情，武则天一直不允许任何人泄露出来。

太平公主也明白自己母亲的想法，所以行事做人，一直很收敛。为了隐藏自己参与政事的事，太平公主以装修府邸、购买别业为手段，来转移人们的视线。据说，积极参与国家大事，为母亲出谋划策的太平公主手段十分高明，对于仗着武则天的宠爱显赫一时的薛怀义，太平公主轻而易举地定计，让武则天将其杀害；后来她还怂恿当时的相王李旦，也就是后来的睿宗认可了武氏家族和李氏家族的结盟，从而维护了武则天大周王朝的统治。

当然，这两个说法也存在争议，比如处死薛怀义一事，很多人相信系建昌王武攸宁所为。不过太平公主为了自卫，施巧计铲除了武则天重用的酷吏来俊臣的势力，则是毫无争议的事实。

到了武则天晚年，继承人的问题被提上了议事日程。这是大周王朝先天上的缺陷。武则天要姓武的大周王朝得以延续，就必须将皇位传给自己的侄子。但是如果要在自己身后维持至高无上的地位，就还是应该将皇位传给虽然姓李，但是同自己血缘最亲近的儿子。

晚年的武则天，将手中的权力分给了四个人，太平公主也是其中一员，其他人包括武则天身边的近臣上官婉儿以及她的两个男宠张易之和张昌宗。在名义上，太平公主是武家的儿媳妇，但是在政治上，她始终坚持，李家才是这个王朝的正统。

果然，过了两年，宰相张柬之在李家的支持下，发动了兵变。太平公主也积极地参与其中，不但成功逼迫武则天退位，还诛杀了张昌宗和张易之。太平公主因为功劳，受封为"镇国太平公主"，这在当时对于公主来说是很高的荣誉。

当然，尝到了权力的甜头的太平公主，是不会甘心屈居人下的，在她的心目中，有着和当初武则天一样的政治雄心。

特别是到了唐中宗时期，太平公主逐渐从幕后走到前台，积极参与国家的政治活动。因为其杀伐果断的勇气和灵活应变、多谋善断的才能，逐渐受到了唐中宗的器重和尊重。甚至见了皇太子，太平公主也无须行礼。

到了韦后专权时期，太平公主和唐中宗的女儿安乐公主之间的矛盾也逐渐白热化。最为典型的事件发生在景龙三年（公元709年）七月，太子李重俊谋反，安乐公主竟然诬告李旦、太平公主兄妹和太子同谋。幸好当时的主审官御史中丞萧至忠还算忠心于李氏家族，对中宗流泪进谏道："陛下富有四海，不能容一弟一妹，而使人罗织害之乎！"二人遂得以幸免于难。

到唐中宗被害之时，太平公主在各方势力之间的活动更加频繁。她还和上官婉儿一同拟出遗诏，皇后为知政事，温王李重茂为皇太子，相王李旦摄政，以此寻求韦后与李氏皇族之间的平衡，只是后来在韦后的操纵下，相王李旦只做了太子太师，权力被架空，这一平衡遂被打破。于是太平公主参与李隆基的兵变，将政权最终夺回到李氏家族的手中。太平公主因为功劳巨大而晋封万户，她的三子也被封王，为唐朝公主权势之顶峰。

权力越大，野心越大，这些人永远不会满足现状，即使偶尔感叹几句，认为高处不胜寒，但转过身来便又会加入那些轰轰烈烈、血雨腥风的尔虞我诈之中。

本来，按照当时的发展趋势，只要不发生大的变故，太平公主一定能够一直享受下去。只可惜，她一直对李隆基心有偏见。因为在她的眼中，李隆基实在是太过聪明了，聪明到连权倾朝野的太平公主都感到害怕。所以在除掉了韦后之后，为免李隆基尾大不掉，太平公主采取了一系列措施，一方面，大力打击李隆基的势力，另一方面，则努力扶持自己的党羽势力。

当时李隆基的声势日渐高涨，大有盖过睿宗、太平公主的气势。太平公主第一时间向自己的哥哥，也就是当朝皇帝睿宗建议，认为这个李隆基不是长子，没有立为储君的资格；而且在废韦后的这一过程中，他除了建立极大的威信之外，还表现出足智多谋的性格特征，极有可能威胁到唐睿宗的地位。不过睿宗天性淡泊，这个皇位，也算是李隆基交给他的。因此，对于太平公主的建议，他虽然心生忧虑，但在表面上只是暂时压了下来。

既然不能废除这个太子，太平公主就只能退而求其次，让自己强大起来。当时的唐王朝，共有七位宰相，其中岑羲、崔湜、窦怀贞、萧至忠、陆象先五位都是通过太平公主获得任命的。甚至连知羽林军李慈、左羽林大将军常元楷等军官都积极为她效力，太平公主从而在军中建立了雄厚的实力。各地地方官也知道大树底下好乘凉的道理，见太平公主实力雄厚，遂争先恐后地讨好她，不时向她献上本地最为珍贵的物品。

于是长安的良田悉数归入了太平公主的手中，庄园遍布京师，府中的摆设、车马、倡优等供太平公主享乐的资源络绎不绝地从四面八方千里迢迢地运来。太平公主府的建制与宫廷相比也逊色不了几分，侍候她的奴仆、苍头、侍女有千余人，在当时的社会中，像她地位这么高的女子，不做第二人想。

李隆基看着朝中文武除了姚崇、宋璟等寥寥数人还忠心耿耿地留在自己身边之外，天下之大，大多都归附了太平公主。李隆基虽贵为当朝太子，却羽翼未丰，只能略表忧心，暂时还不能有所行动。

请姑姑到地府一游

作为一个傀儡似的皇帝，唐睿宗的帝王生涯实在是很艰难，一方面要保护自己的儿子顺利继承大统；另一方面，又要保护好自己的妹妹太平公主，不要被权力欲蒙蔽了双眼，最终不能自拔。所以，唐睿宗一直在试图调节这二者之间的关系。

然而，整个新生政权，几乎成了两分天下的局面，一方是以李隆基为首的太子派，另一方则是太平公主的势力，二者相互制衡。本来唐睿宗可以坐收渔翁之利，但是因为他没有实力，只能坐看二人矛盾的不断加剧。在这期间，他也做了很多次和事佬，尽力调和双方矛盾，只可惜任凭他如何努力，一切都无济于事。于是，唐睿宗选择起用一批唐朝的旧臣，以建立起自己的统治基础。最终整个唐朝由两分天下，演变成了三分天下的局面。

为了废除李隆基，太平公主可没有少下功夫，甚至还搬出了沉寂多年的睿宗长子李成器。当然，唐睿宗对于这一切，也是有自己的考虑的。如果不是实力不济，或许唐睿宗已经答应了太平公主的建议，相比于李隆基，李成器的性格更加温和，不像李隆基那般锋芒毕露，杀伐果断。如果单单为了自己能够安享晚年，唐睿宗会更加愿意册立李成器为帝国的储君。

只是，李隆基的威望太大了，通过歼灭韦后政权一战，整个朝廷只有他能够与太平公主相抗衡。如果废了李隆基，不仅会招致李隆基的不满，面临政变的危险，还很有可能让太平公主一家独大，重演武则天霸占皇位的一幕。

除了上述原因之外，李成器的个人立场，也深刻地影响了唐睿宗的决定。古有平时立嫡、危时立功的训诫，今天正好运用在唐睿宗选储君的过程之中，李成器也清楚地明白这一点，所以任凭太平公主如何威逼利诱，李成器就是不肯就范。他知道，一旦自己答应了太平公主的请求，就必然会卷入险象环生的政治漩涡之中，一向信奉明哲保身的李成器，则万难全身而退了。

所以，李成器拒绝了太平公主的"好意"，直接跑到唐睿宗的面前，以唐初"玄武门之变"为例，声泪俱下地告诉唐睿宗，此生自己万万不会接受太子大位，坚持要李隆基继续做太子，这一事件便以一场闹剧般的结局结束。

虽然在事实上，李隆基已经名正言顺、众望所归地入主东宫，但是太平公主并不愿意就此罢休。只要朝中大臣都同意废除太子，迫于压力，唐睿宗必然会答应他们的劝谏。只可惜，姚崇和宋璟坚决反对，太平公主虽然恨得横眉怒目，也只能宣告作罢。

随着时间的推移，朝中局势逐渐发生了变化，许多大臣在李隆基的号召下，转变了立场，从太平公主的麾下投入了李隆基的阵营当中。终于，不堪忍受继续做傀儡皇帝的唐睿宗，选择了放弃皇位，太平公主自然万般反对，只是唐睿宗已经是心力交瘁，无心继续了。

延和元年（公元712年），唐睿宗宣布退位，让李隆基坐上了皇帝宝座，史称唐玄宗。而唐睿宗则顺理成章地做了唐朝的太上皇，享受清闲去了。以前唐玄宗还未做太子之时，便对自己的这位姑姑，一方面加以笼络，另一方面则紧密防范。到了他登基称帝之后，唐玄宗自然更加不能放松对这位姑姑的监视和防备。

事实证明，唐玄宗所采取的一系列措施，为他的生命提供了巨大的保障。太平公主不能接受自己大权旁落的事实，决心孤注一掷，向唐玄宗下手。不过由于太平公主的实力已经大不如从前，这次她的手段并不是很高明，甚至显得有一些拙劣。李隆基在即位之后，不断采取各种削弱太平公主权力的措施，所以到了现在，太平公主只能收买宫中御膳房的管事元氏，让她乘人不备，在唐玄宗的御膳中下毒。只可惜因为唐玄宗的防范太过严密，此事不了了之。

不过太平公主的性格极为坚毅，一计不成，她便心生二计。决定以自己的身家性命，豪赌一把。这一次，太平公主找来了自己集团的骨干力量，经过商议，大家一致决定，发动政变，夺取政权，然而李隆基比她还快一步。

这一事变发生在延和二年（公元713年）七月三日，唐玄宗率领早就枕戈待旦的军队，向太平公主发起了进攻。太平公主没有料到，唐玄宗竟然能下定决心对自己动手。因为此时唐睿宗李旦虽已退位，但仍然是太上皇，而且太平公主反迹未露，李隆基要主动出手对付一个表面上没有任何过错的人，而且还是帮助他父亲夺回皇位的亲姑姑，这将面临朝野怎样的议论和谴责，需要多么大的决心和勇气！猝不及防之下，太平公主的骨干集团还来不及反抗，就被羽林军杀得片甲不留。而太平公主则仓皇逃往南山的寺庙，希望能够暂避风头，时机成熟之后再卷土重来，只要自己的元气未伤，到时候说不定还能够东山再起。只可惜，唐玄宗不会再给太平公主机会了，他并没有急于追击太平公主，而是不断稳固自己的战斗成果，将不服从自己的人全部杀掉，同时大肆笼络朝中有实力有实权的文武官员，那些执意不肯归附自己的官员，都被唐玄宗罢黜了，唐玄宗重新掌握了乾纲独断的皇帝大权。

唐玄宗抓住了先机，首先横扫了太平公主的核心党羽，再将她的实力一一剪除，最后只剩下太平公主孤家寡人。绝望的太平公主，最后看了一眼曾经风光无限的长安，最后望了一眼自己一生追求的皇城，最后想了想那至高无上的君主大位。是非成败转头空，浪花淘尽英雄，自己这一生，到底得到了什么，又到底留下了什么？此时，太平公主已经无心去计较了，且将一切都留给后人评说。

长安突然下起了大雨，宫人急急忙忙闯入了唐玄宗的宫殿，高声禀报，太平公主薨逝了。